中公新書 2743

山形辰史著

入門 開発経済学

グローバルな貧困削減と途上国が起こすイノベーション

中央公論新社刊

はじめに

二一世紀に入り二〇年がたった今でも、世界は理不尽な悲惨さに満ちている。

二〇二二年二月に始まったロシアのウクライナ侵攻は、数多くの死傷者とその何倍もの避難民を生み出している。中東のイエメンでは二〇一五年からの内戦により、緊急支援物資を搬入する国際港さえ機能しなくなり、二〇二二年十一月には約一七〇〇万人分の食糧が不足し、約六万人が緊急支援を必要とする状態にある。(1) 二〇二一年、アフリカ大陸の東岸に位置するマダガスカルでも干ばつによって飢饉《ききん》が起こった。

また、一国としては経済成長を軌道に乗せた感のあるバングラデシュでも、女性の地位向上については課題が山積していて、日常生活における女性の行動が様々な制約を受けたり、結婚の際の婚資（ダウリー。本文第2章参照）が少ないという理由で親族から暴力を被る事件がたびたび起こっている。

このような「理不尽な悲惨さ」を幾分かでも改善するために、物質的改善や社会制度の変更を試みることが、筆者にとっての開発である。(2) 昨今、自然災害等で誰もが「理不尽な悲惨さ」に直面する当事者になりうる。その際に、手を差し伸べる人と当事者の関係を、広い意味での開発と捉える。

開発のための支援は往々にして外部からの介入となるため、その実施に当たっては、十分な慎重さが求められる。(3) 当事者（＝受益者）が求めているのは何なのか。受益者は、自分が求めているものを十分理解しているのか。そもそも受益者として誰を対象とすべきか。そしてもちろん、受益者が求めているものをどのようにしたら提供できるのか。また、人々の生活水準を上げるにはどうしたらよいのか。雇用、職業訓練、緊急支援、技術革新、技術移転、品種改良、農産品の商業化、産業政策、投資誘致、輸出促進はどのようにすれば人々の生活を豊かにするのか。

これら開発に関わる問いに応えようとする学問が国際開発論であり、その中で経済的なメカニズムに着目するのが開発経済学である。

今も世界は悲惨さに満ちているが、世界の人々の生活水準は平均的に見れば長足の進歩を遂げたことも、筆者は自分の目で見て感じている。

筆者が高校生、大学生だった一九七〇～八〇年代に、エチオピアやバングラデシュで、文字通りの飢饉が起こった。干ばつやサイクロンがそのきっかけだったが、それらの国々の政府は当時、天災に対処するだけの備えや力を有していなかった。被災地は孤立し、交通は寸断され、救援の手はなかなか届かなかった。

一九九〇年代、大人になった筆者は、自ら開発途上国に足を運ぶことができるようになった。

そこで目にしたのは、せいぜい自分が歩き回れる範囲の事象でしかない。それでも、これが貧困だ、と思える場面にしばしば遭遇した。

タイ東北部で傷口を粗雑に縫合されて、自宅の屋外の蚊帳《かや》の中に横たわっている男性。バンコクで大河の水かさが上がって、床すれすれまで来ているのに悠々と寝ている女性。街中の歩道橋の上で物乞いをしている両目のつぶれた女性。

バングラデシュのダッカで見た光景としては、公園の壁からビニールシートを垂らしただけのスペースで暮らす路上生活者たち。日常的すぎて珍しくもない歩道の行き倒れ。自分の最も異形な体の箇所を指し示して金銭を乞う障害者。南部の都市ボリシャルの商店街が開く前の早朝、店と店の間の三〇センチほどの隙間で死んだように眠っていた老婆。北部のガイバンダ市で、息子の陰茎に異常があるといって私に見せて金銭を乞う母親。洪水による河岸浸食で家が流されても、インシャッラー（神の望みのままに）と諦める世帯主。何百もの蚊が飛び回っているダッカの高所得者向け病院の深夜の待合室。

カンボジアの首都プノンペンでは、屋台の客一人一人に手を出して物乞いをする高齢者。靴磨きをして稼ごうとする年端も行かない男の子。自分の目にする範囲にさえ、このような状況があったのだが、ニュース報道は、世界にはさらに悲惨な人権侵害があることを指摘していた。

二〇〇〇年代に入り、貧困への対処は明らかに進化し、洗練の度合いを高めた。今や、干ばつやサイクロンに見舞われても、孤立する被災地はほとんどないのではないか。それは一つには、交通通信手段の発達によっている。今や南アジアやアフリカの貧困層でも携帯電話を持っていることが普通である。安い携帯電話機の価格はたかだか二〇〇〇円程度であるし、中古品であれば数百円にまで下がるだろう。世界の多くの国々では携帯電話料金の支払いが銀行引き落としではなく、少額の前払いで足りる。そのうえ、テキストメッセージの送付だけであれば、無料になることが多い。つまり携帯電話の利用コストがかなり低いので貧困層でも利用できるし、何より、都会に出稼ぎに行った夫から送金してもらうために、妻にも携帯電話機が要るのである（第3章で詳述する）。ケニアで始まった携帯電話送金は、世界の多くの国々で貧困層にも恩恵を与えている。

道路網も着実に広がった。さらにはヘリコプターや飛行機、ドローンなど、空からの運輸交通手段も、確実に向上している。紛争や災害の際の緊急支援のノウハウも蓄積されてきている。

これらの改善もあって、本書第2章で述べるように、世界全体で貧困削減は進んでいる。これはグローバル化による労働集約産業や商品作物生産の、開発途上国における発展にもよっている。貧困層が海外出稼ぎに行く機会も増え、グローバル化の利益は、開発途上国の貧困層にも及んでいる。中国やインドといった大国における貧困削減が顕著であるが、それのみが世界の貧困削減を説明するわけではない。多くの開発途上国の貧困層の生活の全体的な底上げが進んでいる。

このような世界の貧困削減の進展や、タイ、マレーシア、中国、シンガポール、韓国といった東アジア諸国の高所得化を見て、「もう開発は要らない、ビジネスで十分だ」とか「これからは貧困削減ではなく、持続的開発（＝環境保護と両立する開発）だ」と発想の転換を図る人々もいる。確かに、国際開発におけるビジネス部門の役割は、かつても重要であったし、近年はこれまで以上の意義を持っている。また環境問題の深刻さも増している。しかし本書で強調したいのは、冒頭で述べたような「理不尽な悲惨さ」はいまだ世界の多くの場所に残っており、そこから離れて豊かさを享受している人たちも、人間同士の素朴な助け合いとして、その改善に関与すべきだ、ということである。

前世紀半ばに第二次世界大戦が終わってから、どのような国が戦争による壊滅を乗り越え、どのようにして国民の生活を向上させたのか。所得増加のための経済成長の背後にどのような構造変化、制度変化、技術進歩があったのか。現在も残る「理不尽な悲惨さ」はどのように現れているのか。その悲惨さに対処するどのようなアプローチが採られているのか。そして国際社会は「理不尽な悲惨さ」にどのように向き合っているのか。それらが本書の各章で扱う課題である。

本書を手にする読者は、既に国際協力に従事している人かもしれない。あるいは世界が「理不尽な悲惨さ」を解消できていないことに憤る学生かもしれない。あるいは開発途上国に観光やビジネスで訪れて貧困や人権侵害を目にした人かもしれない。なぜ今までこうなのか。大人は今まで何をしてきたのか。どこに改善の芽があるのか。本書を通じ、それらの問いに答えてみたい。

目次

第3章　より豊かになるために——経済成長とイノベーションのメカニズム　93

第1章　開発経済学の始まりと終わり？

筆者が学生のころ（一九八〇年代）、開発経済学は経済発展論とも呼ばれていた。両者とも英語ではEconomics of DevelopmentまたはDevelopment Economicsであり、developmentを自動詞的に発展と訳すか、他動詞的に開発と訳すかの違いによって、ときには開発経済学と呼ばれ、ときには経済発展論と呼ばれていた。一九八〇年代には経済発展論と呼ばれることが多く、その後、開発経済学と呼ばれることが多くなった。

後にノーベル経済学賞を受賞したクルーグマンは一九九三年に「開発経済学の盛衰」というエッセイを書き、「一九九〇年代で既に、開発経済学は役割を終えたかもしれない」という趣旨の思いを巡らせている。その後、筆者自身も含めて、国内外の多くの研究者が『開発経済学』と題する教科書を出版しているのだが、開発途上国や国際開発のプロセスのみを記述するための特別な経済学が今なお要るのか、という問いは、開発経済学の意義や役割を考えるうえで重要である。

この章では、(かつては経済発展論と呼ばれた) 開発経済学がどのようにして始まり、現在までどのように展開しているのかをたどってみよう。

1―1　二重経済論――わたしと異なるあなた

支配する側・される側――コンラッドとアチェベ

最初の開発経済学理論は、二重経済論(デュアリズム)として知られている。これは支配する側と支配される側の隔たりに着目する理論である。

一五世紀にアメリカ大陸は、ヨーロッパ人によって「発見」された。また同じころ、バスコ・ダ・ガマ率いるポルトガル艦隊が、現在の南アフリカの喜望峰《きぼうほう》を経由して、東アフリカを訪れている。[1] これらがヨーロッパ人による南北アメリカやアフリカの初めての遭遇とされている。「発見」される前から「インディアン」や「黒人」はそこに住んでいたのであるが、当時、ヨーロッパ人と同じ人間とは認識されなかったのである。このようにして、まずはスペイン、ポルトガルが、そしてその他ヨーロッパ諸国による植民地支配が始まる。宗主国から来る支配者と、支配される側の開発途上国の側の人々は全く異なる「種」と考えられ、その間には、権利や権限に明らかな違いが設けられた。生活習慣や嗜好《しこう》の点から、宗主国出身のヨーロッパ人と植民地生まれの人々の間には、越えられない隔たりがあると考えられたのである。

植民地であるアフリカの描き方も、ヨーロッパ人とアフリカ人とでは大きく異なっていた。一九世紀末、イギリスの小説家コンラッドは小説『闇の奥』（一八九九年）において、中部アフリカのコンゴ盆地において奇異な出来事に遭遇するヨーロッパ人を主人公にしている。その中に登場するアフリカ人は、奇怪な生物であるかのように描かれている。中東を含むアジアを、ヨーロッパ人が当時の彼らの常識から（例えば「アフリカ人は野蛮だ」などと）解釈し、その解釈が正しいものとして学術的に固定化していくことは**オリエンタリズム**と呼ばれているが(2)、一九世紀末のコンラッドの表現におけるアフリカ解釈は、まさにこのオリエンタリズムによっているといえる。

ヨーロッパ人の表層的なアフリカ理解に業《ごう》を煮やして、アフリカ人も自己表現を始める。ナイジェリア人作家のアチェベは、コンラッドの『闇の奥』に対抗して、『崩れゆく絆《きずな》』（一九五八年）を発表する。本作では、一九世紀のナイジェリア南東部のコミュニティに生きる男の人生が自壊していく様を描き、一つのアフリカ社会の変化が表現されている。同様にセネガル人作家のセンベーヌ・ウスマンは、執筆活動を始めたのち、字が読めない隣人たちへ訴える表現形式として、文学から映画へと力点を移していく。最後の監督作品となった『母たちの村』（二〇〇四年公開。原題は Moolaadé）では、アフリカ人自身が村社会の慣習（女性器切除）を変えていく様を描いている(3)。

写真1－1　スラムとビル　バングラデシュの首都ダッカのボナニ地区。右奥の建物はバングラデシュ最大のNGOであるBRACの本部ビルである（2009年撮影）

二重経済論――わたしと異なるあなた

このように一九世紀には、宗主国ヨーロッパの人々と、支配される側の植民地の人々の生活様式や相互認識に大きな断絶があった。その違いは自明であるように見え、ヨーロッパ経済と植民地経済にも質的な違いがあると考えられた。また徐々に植民地の都市は西洋化していき、工業も興ってきた。そうなると、同じ植民地の中でも、都市と農村、そしてそれらの地域の典型的な産業である工業と農業の間に大きな懸隔があると見なされるようになった。このように、現在の開発途上国である旧植民地を都市・農村、工業・農業の間の分割状態で特徴づける開発途上国解釈を**二重経済論**と呼ぶ。

二重経済論は最初に、社会の二重性として表現された。主唱者はオランダ人のブーケやイギリス人のファーニバルで、先進国に近い社会（都市社会、工業社会）と、彼らには「後進的」と見えた社会（農村社会、農業社会）の相違を強調した。ファーニバルはイギリスの植民地行

写真1－2　パラグアイの首都アスンシオン　アスンシオン港近くの低所得者居住区から見上げる高層ビル（2016年撮影）

政官として一九〇二年に現在のミャンマーに派遣され、一九三一年まで同国で過ごしている。この三〇年ものミャンマー生活の経験から彼の二重経済論が形作られている。

村上春樹《むらかみはるき》の小説『1Q84』のモチーフとなった『一九八四年』を書いたことで知られるオーウェルも、一九二二年から一九二七年まで、植民地行政官としてミャンマーで過ごしている。このときの経験を元にオーウェルは、「絞首刑」、「象を撃つ」といったエッセイを執筆しているが、これらのエッセイには、当時のイギリス人行政官が、現地のミャンマー人を「支配する対象」としか見なしていなかったことが端的に表現されている。その後オーウェルは、支配する側の立場に置かれることを嫌って、イギリスに戻ることとなる。しかし一般の植民地行政官やその家族は、先進国の人々と「後進国」の人々の違いを当然と考え、幾分でも先進国化した都市地域と、後進性が残る農村地域の二分法を、開発途上国理解のための当たり前の枠組みとして受け入れたのである。

発展段階説――近代化の一本道

二重経済論と整合的な経済発展パターンは、農業国が工業国になり、農村社会が都市社会へと変わっていくことである。このように経済発展が段階を経て進行するという仮説を**発展段階説**という。発展段階説を唱えた論者の代表はマルクスとロストウである[4]。

マルクスは、アジア的生産様式、古代的生産様式、封建的生産様式、近代ブルジョア的生産様式という段階を経て、最終的には**共産主義社会**に至る発展段階を思い描いた。ここでブルジョアとはいわゆる金持ち（有産階級）を指し、「近代ブルジョア的生産様式」は、資本主義的生産を意味している。資本主義的生産は市場競争によって特徴づけられ、現在の世界経済に類似している。マルクスは**資本主義社会**を経済発展の中間段階と位置付け、より生産力が増強され、人々が生産物を「必要に応じて受け取る」ことのできる共産主義社会を、最終的に到達すべき理想社会と考えた。現代社会は、このマルクス思想を一定程度反映し、「必要に応じて受け取る」仕組みを社会福祉として実現させている。共産主義社会は、高い生産能力と公正な分配を実現する社会として、二〇世紀半ばに世界の多くの若者たちの期待を集めた。

これに対してロストウの発展段階説は、低所得段階から、より繁栄した段階に移行するための条件を吟味したことに特徴がある。ロストウは低所得段階から高所得段階への移行を離陸（take-off）と呼び、離陸のためのいくつかの条件を提唱した。なかでも、マクロ経済における投資額の国内総生産に占める割合（投資率と呼ぶ）が、五％から一〇％に増加することが、イギリスやフランス、アメリカ、ドイツ、ロシア、日本などの国々が、伝統的社会から成熟社会に離陸するための条件であり、この離陸期は約二〇年続く、と主張した。現代の多くの新興国、例えばマレーシアやタイといった東南アジアの国々や中国なども、一九四〇〜六〇年代までの長い「低所得国」時代を経験した後、二〇世紀後半の転換期（離陸期と解釈できる）を経て、現在は高所得国に追いつきそうな勢いを示している。これらの国々の発展段階移行の表現として離陸概念が援用されている。

二重経済論と発展段階説の解説の最後に、農業経済から工業経済への転換を、生産資源（ここでは、労働力や土地および資本が、重要な生産資源としてイメージされている）の農業部門から工業部門への移動に着目したルイスのモデル、ラニスとフェイのモデルを紹介しよう。ルイスは、労働者を追加しても生産量が全く増えないほど生産が飽和状態に達した農業部門から、労働者が工業部門に移動することが、農業中心経済から工業中心経済に移行するプロセスであると指摘した。[5] ラニスとフェイは、労働者の移動に加えて、資本の農業から工業への移動、さらには農産品と製造業品の相対価格も考慮して、農業経済から工業経済への移行を分析した。さらにトダロとハリスは、労働者が農村から都市に移動するプロセスで、（就業確率を考慮した）

期待賃金が実際の賃金より高すぎることが過剰都市化を生み出し、都市失業の原因となることをモデルで示した。低生産性部門から高生産性部門に、労働や資本、土地といった「資源」が流入していくことによって、経済が構造変化を伴いながら発展していくことは、多くの国々の

写真1―3　農業と工業　米を運ぶ男たち（上・バングラデシュ：2012年撮影）と、町の仕立屋（下・カンボジア：2009年撮影）

歴史の中で現実に観察された事実である。[6] 一方、農業部門がいつの時代もどこの国でも低生産性部門とは限らないわけで、現代においてアメリカやカナダ、オーストラリア、フランスのように、(補助金の効果もあるにせよ) 農業部門が輸出競争力を持つ先進国も存在する。労働に加えて土地も生産投入要素（経済学用語では「生産要素」）として考慮すれば、農業→工業という単線的な発展パターンのみならず、多様な発展パターンがあることが明らかにされている。[7]

対照的に、先進国と後発国は、いったんその立場が決まったら、前者が後者を収奪することによってさらに繁栄し、後者はさらに窮乏化する、というように「先進国の発展は、後発国の犠牲のうえに成立している」とする見方がある。この見方は**従属論**（dependency theory）と呼ばれている。[8] この立場で二重構造を解釈するのであれば、後発国が時を経て、先進国がたどった発展経路をたどるとか、将来同じ発展段階に達するという見込みはない、ということになる。宗主国が植民地を収奪する、ということが歴史的に存在したので、この見方に一面の真理はある。一方、この収奪による障壁が後発国の先進国へのキャッチアップ（追いつき）の可能性を全く閉ざすほど高いとはいえないことは、(第3章で示すように) 二〇世紀半ばには低所得国であった韓国やシンガポールが、二一世紀に入って高所得国となったことに示されている。

1―2　植民地からの独立と経済成長――自分たちの国を興す

脱植民地化と国有化――社会主義への期待

一九四五年、第二次世界大戦が終結する。日本は敗戦して東アジア、東南アジア、大洋州（オセアニア）から撤退し、この後数年のうちにインド、パキスタン、ミャンマーがイギリスから独立する。インドネシアもオランダから独立した。また、ベトナムはフランス、フィリピンはアメリカの支配から離れることとなる。一九五〇～六〇年代に入ると現在のマレーシア、シンガポールが建国され、多くのアフリカの国々が宗主国からの独立を果たした。

他国の支配を離れて自らの国を持つ、ということはどんなに心躍ることだろう。何世代にもわたり抑えられていた文化や言語が解放され、祭りが復活し、故国の英雄をはばかることなく讃《たた》えることが許されるというのは、人々の長年の願いであったろう。それらの実現を目の前にし、彼らが期待したのは、自らの手で自分たちの国家を建設し、経済を豊かにしていくことであった。他国の手など借りずに、自国の企業と労働者が自国民の需要に応えていくことが理想とされた。このように、自国民への奉仕、自国企業・労働者の貢献の意義を強調する見方を**ナショナリズム**（Nationalism）と呼ぶ。独立後、旧植民地諸国ではナショナリズムが高揚したのである。(9)

ナショナリズムは強い自国政府の希求に直結する。他国の侵略を許さない、強い国家を求めるのは、彼らにとって自然な感情であった。政府が国の発展をデザインし、主導していく姿勢は、当時のソビエト連邦や中国が志向していた社会主義、ひいては共産主義に近かった。欧米や日本の支配から逃れて、新しい国を建設していこうとする開発途上国の人々にとって、社会主義や計画経済は強い国家という意味でも、理想社会という意味でも強い共感を覚える概念だったのである。したがって、多くの国が五年を単位とする経済発展計画を立て、民間企業を指導すると共に、主要産業を国営企業に任せるという社会主義的政策を採った。

さらには、外国企業（外国資本、**外資**とも呼ばれる）をできるだけ排除し、国内企業（国内資本、**内資**とも呼ばれる）を振興する政策が採られた。これも植民地化の歴史を振り返れば、当時としては当然のことであった。というのは、イギリス東インド会社による経済支配が後の南アジアや東南アジア諸国の植民地化を導いたこと、オランダ東インド会社の東南アジアでの活発な経済活動が、オランダのインドネシア植民地化の先駆けとなったこと、イギリスの中国への阿片《あへん》貿易が、阿片戦争、そしてイギリスの勝利と南京《ナンキン》条約による香港《ホンコン》のイギリスへの割譲につながったこと、というように、他国企業の経済進出が植民地化につながった事例が多かったからである。したがって、第二次世界大戦前の植民地支配の記憶が鮮明だった一九五〇～六〇年代には、開発途上国の人々が外国企業や外国製品を忌み嫌う、十分な理由があったのである。

例えば、ガーナはエンクルマのリーダーシップのもとに一九五七年に独立した直後、重工業化を推し進めた。当時のアメリカやソビエト連邦のように、すべての産業を自国が保有することを望んだのである。しかもその重工業化の担い手は政府と国営会社であった。しかし、独立間もない国が、大きな初期投資を必要とする重工業を、ビジネス経験の浅い国営企業に担わせるという無理がたたり、ガーナの重工業化は頓挫し、エンクルマは一九六六年に政権を追われるに至った[10]。

ガーナが目指したような、強い政府による計画的な経済運営と、自国企業、自国製品、自国市場重視の経済政策は、後に**輸入代替工業化戦略**と呼ばれるようになる。この時期のナショナリズムに動機づけられた外国企業・外国製品排除と、それと表裏一体の国内企業・国内製品優遇は、マクロ経済学的にいえば、国内生産（＝国内からの供給）と輸入（＝海外からの供給）で構成される総供給の内訳から、輸入の割合を減らして、国内生産の割合を増やすことを意味している。国内所得は国内生産と結び付いている（生産＝所得＝支出というマクロ経済の特徴は、国民所得の三面等価として知られている）ことから、輸入を国内生産で代替すれば、国民所得が増加する。言い方を換えれば、輸入製品の購入で海外の人々にわたっていた所得が、国内製品で輸入製品を置き換えることによって、自国民に落ちることから、国内所得がより増えることになるのである。輸入数量制限や輸入製品への高関税、外国資本の流入規制のような政策で輸入製品や外資参入を抑制することによって、国内資本の参入や自国製品の生産増を促進したのが、この時期の輸入代替工業化戦略の具体例であった。

東アジアの躍進――国内市場から世界市場へ

このように、国内市場から輸入品を締め出すことで国内企業の生産拡大を推進する政策は、一九五〇～六〇年代、特に東アジアの小国において、限界に直面した。その限界とは、国内市場規模である。

国内市場の規模は、一人当たり所得と人口とでおおよそ決まる。人々にどれだけの購買力があるか、そして人がどれだけいるか、によって市場の規模が決まるというわけである。そして「市場の規模」は、その経済の「総需要の規模」と同義である。例えば韓国や台湾《たいわん》といった国・経済（台湾は一九一二年に成立した中華民国の一地域という位置付けだった）は、一九六〇年ごろ、人口が韓国は約二五〇〇万人、台湾は一〇〇〇万人から一一〇〇万人の間と推定されており、一九六〇年に人口が約九四三〇万人であった日本に比べると市場の規模は小さかった。

また当時は第二次世界大戦終結後の混乱や、韓国にとっては朝鮮戦争（一九五〇年）、台湾にとっては中華人民共和国の成立と中華民国政府の台湾移転（一九四九年）という安全保障上の大きな問題に直面していた。ある推計(11)によれば、一九五〇年の一人当たり所得は、韓国が年間七〇ドル、台湾が一一〇ドルとされており、同じく一九〇ドルと推計されている日本の一人当たり所得よりかなり低いことが分かる。当時の韓国、台湾の生活水準は、まだ戦後復興の段階にある日本の生活水準より低かった。

当時の韓国や台湾の主要産業は繊維産業のような軽工業であったが、狭小な国内市場への供給のみに頼っていては生産が頭打ちとなり、より大きく生産を拡大するためには、市場を海外に求める必要があった。海外市場で売るということは輸出を意味し、韓国や台湾の軽工業品に国際競争力があるかどうかが問題となった。第二次世界大戦後の開発途上国にとって、輸出品のほとんどは農産品や鉱物資源（これらは自然から直接生産物が得られることから**一次産品**と呼ばれる）であって、それらは工業製品に代替される（例えば、天然ゴムが合成ゴムに、綿が化学繊維に）傾向が現れたことから、一次産品価格が下落して、輸出収入が減少するのではないかとする**輸出悲観論**が当時は支配的であった[12]。

しかしより根本的に考えれば、国際競争力は品質と価格によって決まる。また「価格」として問題になるのは国内価格ではなく、国際市場における価格である。例えば、国際通貨として流通している米ドルでいくらか、ということが重要である。一定の品質の製品を安価に生産できるかどうか、政府による課税が小さく、補助金が大きいかどうか、そして対ドル為替レートが自国通貨安のレベルに設定されているかどうか、が国際競争力の決定因となる。結果としていえば、韓国や台湾の軽工業品はこのような条件を満たしており、高い国際競争力でもって、先進国市場への輸出が拡大した。

このころ韓国や台湾の軽工業品が高い国際競争力を有した背景を、より詳しく説明しよう。まず韓国も台湾も、朝鮮戦争や中華人民共和国の成立といった安全保障問題があったものの、

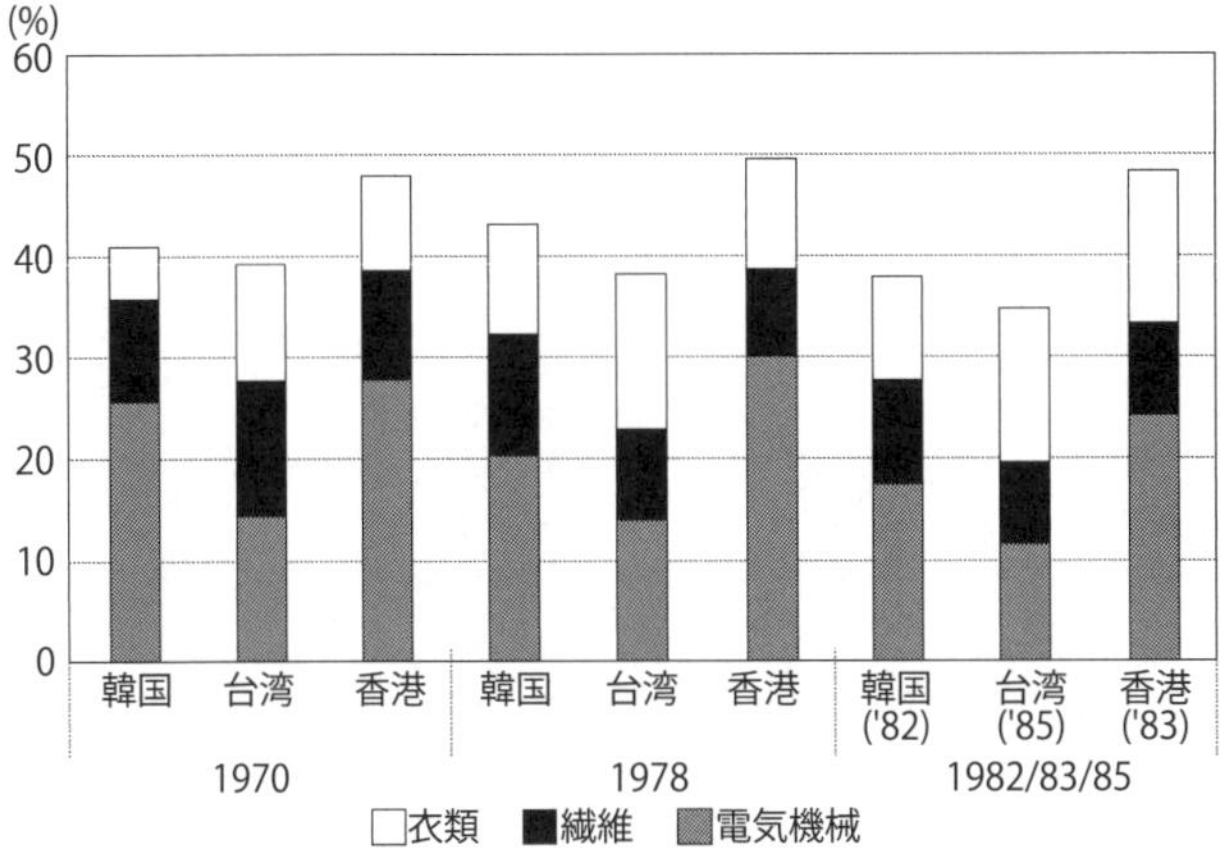

図1―1　1970～80年代の韓国、台湾、香港における労働集約的製造業品の総輸出に占める割合（%）　注：ここで労働集約的製造業品に含まれているのは、衣類、繊維と電気機械である。データ：Naya (1988)

輸入代替工業化が進捗し、軽工業に関していえば、国内の産業基盤が整っていった。さらには低所得の元となった低賃金が、特に生産コストのうち賃金が大部分を占める軽工業製品（この特徴を持つ製品を経済学用語では、**労働集約財**と呼ぶ）にとって、大きな生産コスト低下要因として作用した。これらの要素が、韓国や台湾において軽工業品を国際競争に堪えうる品質で安価に生産することを可能にした。

事実、図1―1で示されているように、韓国、台湾および、当時「**アジア新興工業経済地域**（Asian Newly Industrialized Economies：ANIEs）」の一つとして注目された香港においても、一九七〇年代から八〇年代初頭にかけては、輸出の四〇～五〇％が労働集約的製造業品（ここでは衣類、繊維〔糸や布〕、電気機械〔主に組み立て〕であった。総輸出には農産品などの一次産品も含まれることを考えると、この三産業の割合の大きさが印象付けられる。このように、現在では先進経済地域に数えられる韓国、台湾、香港も、その経済発展の初期段階においては、労働集約産業が工業化や輸出の牽引役《けんいんやく》だったのである。

さて、低い生産コストに加えて、両政府の政策も、国際競争力強化に貢献した。生産者は、原材料を輸入して加工し、それを最終製品に加工して輸出するという形で二度国際市場に直面することとなる。原材料は国際市場からドル価格で輸入することになるので、そのためにはドルに対して自国通貨が高めとなる為替レートが望ましい。これに対して最終製品を輸出する際には、ドル建て価格が安くなり、かつ得られたドル収入がより多額の自国通貨に換算されるようにするために、ドルに対して自国通貨が安めのレートが望ましい。このような理由から、輸入の際と輸出の際にはそれぞれ別の為替レートが政府によって適用されていた。旅行者でも自由に通貨の両替ができる現在では想像しにくいが、当時は韓国、台湾のみならず多くの国・経済で外貨取引が規制されていたので、一般の人々が自由に設定する為替レートでドルと自国通貨を取引するということが不可能であった。自由に通貨の交換ができないことから、このような公定二重為替レートを輸入業者や輸出業者に強制することが可能となっていた。この**二重為替レート制度**は、自国通貨建ての輸入投入財価格を抑えることで生産コストを下げると同時に、生産物販売収入を自国通貨建てで高めることに貢献した。

関税・補助金制度も韓国、台湾からの軽工業品輸出を後押しした。輸出価格を下げるためには、原材料輸入の関税を下げ、輸出に補助金を付けることが有効である。この効果を意識し、原材料の輸入関税は、最終消費財の輸入関税に比べて低めに設定された。これにより、最終消費財の輸入は抑制され、原材料の輸入は相対的に促進された。このように加工度が上がるにつれて税率が上昇していく関税制度を**タリフ・エスカレーション**と呼ぶ。

さらには、輸出向け生産に対する輸入原材料の関税減免、輸出企業向けの優遇的融資、輸出補助金の供与、といった措置が、程度の差こそあれ、韓国、台湾の主要輸出産業に対してなされた。当時の韓国、台湾において繊維産業が共通の主要輸出産業であり、輸出向け繊維生産に対して、韓国では輸出補助金が、台湾では低利融資や輸入原材料関税免除や払い戻しが、輸出促進政策として用いられた[13]。

このように韓国や台湾の軽工業品輸出は、（1）輸入代替工業化による生産基盤の整備、（2）低賃金の強みを最も活《い》かすことのできる労働集約産業への重点シフト、（3）為替制度や関税・補助金制度を通じた政府の支援の三つの要因によって、一九五〇年代から七〇年代にかけて拡大した[14]。（1）の要因は、産業発展の初期条件、（2）の要因は、低賃金を競争力強化に結び付けた市場競争メカニズム、そして（3）の要因は産業振興政策、と言い換えることができる。初期条件や市場メカニズムを、**産業政策**で補強することによって工業生産拡大と輸出増加を達成した韓国や台湾の成功は、後に**輸出指向工業化**と呼ばれた[15]。これらの産業育成政策や輸出促進政策は、高度経済成長を達成した日本の一九五〇～六〇年代にも用いられたことが知られている。[16]

また、韓国や台湾が達成したような、輸入代替工業化から輸出指向工業化への移行による経

写真1－4　今や、韓国や台湾の縫製産業は国際競争力を失い、より賃金の低い国に工場を移転せざるを得ない　上はカンボジアで操業する韓国系企業（2009年撮影）。下はケニアで生産している台湾系企業である（2014年撮影）

済発展は、タイやマレーシア、フィリピン、インドネシアといった東南アジア諸国においても実現した。これらの国々も、輸入代替工業化を一定程度成し遂げた後、国内市場が飽和すると、おおよそ一九七〇年代から、政策支援と低賃金を強みにした労働集約製品の輸出拡大を進めた[17]。そのころには先発の日本、韓国、台湾は、資本蓄積を進めて造船や化学、鉄鋼、自動車といった重化学工業への競争力を高めていった。このように工業化の面で先行した日本や韓国、台湾の発展パターンを、後続の東南アジア諸国が踏襲していくかのような経済発展の連続を、雁《がん》が群れを成して逐次的に、先行する鳥の飛行パターンを追尾する情景になぞらえて、**雁行《がんこう》形態型経済発展**と呼ぶ[18]。

１―３　成長の限界と構造調整――世界は混んできた

世界秩序の再構築――石油ショックと累積債務問題

一九七〇年代に入ると、それまで南北問題と呼ばれていた先進国と開発途上国の「上下関係」に大変動が生じる。そのきっかけは、一九七三年の石油ショックであった。中東を中心とした当時の開発途上国の産油国が結成した石油輸出国機構（Organization of the Petroleum Exporting Countries：ＯＰＥＣ）の加盟国が原油価格を大幅に引き上げると発表した。これは国家間のカルテルに相当する。この産油国間の共同行動により、世界の原油価格が高騰すること

写真１―５　イラク・バスラ市の石油精製所　日本の円借款が供与されている（2015年撮影）

となる。石油は世界経済にとって中心的なエネルギーになっていたので、**石油ショック**は世界経済に大きな影響を与えた。非産油国にとっては、生産についても消費についても大幅なコスト引き上げをもたらした。その結果、不景気とインフレが同時に起こり、この現象は**スタグフレーション**（景気停滞〔stagnation〕と物価高騰〔inflation〕を組み合わせた造語）と呼ばれた。一方、産油国には当然、大きな収入増をもたらした。

産油国と同様に利益を得たのは、原油はなくとも、一次産品を主要輸出品としていた開発途上国であった。銅、錫《すず》、天然ゴム、コーヒー、カカオ、砂糖、ジュート（黄麻）といった一次産品は主に開発途上国で生産され、その国際価格安定

写真1―6　ジュートの刈り取り　バングラデシュ北西部のクリグラム県にて（2011年撮影）

化の目的で産出国間において商品協定が結ばれていた[19]。OPEC加盟国の協調行動を目の当たりにして、他の一次産品についても生産国の協調行動と価格高騰の可能性を、輸出国側は期待し、輸入国側は危惧した。これによって石油に引き続き、他の一次産品価格も急騰した。その結果として、ほとんどの開発途上国は石油ショックによる一次産品価格高騰によって利益を得た。

折しも、世界的には地球環境問題の重要性の認識が高まっており、一九七二年には、環境問題についての初めての国連会議として国連人間環境会議が開催された。「かけがえのない地球（Only One Earth）」が合言葉とされ、この会議の結果として、**国連環境計画**（United Nations

Environment Programme：ＵＮＥＰ）が設立された。また研究者や経済人によって設立されたローマ・クラブが『成長の限界』と題するレポートを出版し、世界的な資源需給、人口、マクロ経済変数、環境汚染などに関する予測モデルを用いた将来予測を発表した。[20] このレポートは、人口増加や経済成長によって資源枯渇や環境汚染増加が導かれることを懸念する内容で、一九七三年の石油ショックと整合的だったことから、経済発展観の転換を促すものとして関心を集めた。このように一九七〇年代は、南北関係という構図で宗主国・植民地という関係を引きずっていた国際秩序を、根本的に変革する**新国際経済秩序**（New International Economic Order：ＮＩＥＯ）への期待が高まった時期でもあった。石油ショックと『成長の限界』は、世界の人々に対して、第二次世界大戦終結以降追求してきた物質的豊かさの再考を迫ったといえる。

さて、石油ショックによって中東産油国は大きな収入を得たのであるが、それらをすべて吸収するような資金需要が国内にはなかった。今でこそサウジアラビアやバーレーン、カタールそしてアラブ首長国連邦の首長国ドバイの都市に高層ビルが建っているが、それに至るまでには長い年月がかかったのである。したがって、中東産油国の多額の石油収入は国際的な金融機関に預け入れられることとなり、オイル・マネーとして国際金融市場に流入した。オイル・マネーは高利回りを求めて、当時、経済成長潜在力が高いと見込まれていたラテンアメリカやアジアの中進国、そして一次産品価格高騰で景気が上向いていた開発途上国に貸し付けられることとなった。

その後、一九七八年末のOPECによる原油値上げと同年のイラン革命によるイラン石油供給停止により、原油価格は再び高騰した。これを**第二次石油ショック**と呼ぶ。第一次石油ショックは一次産品輸出国に「棚からボタモチ」的な利益をもたらしたが、第二次石油ショック時には状況が大きく異なっていた。多くの一次産品輸出国は既に生産能力を拡張してしまっており、むしろ供給過剰に陥る産品もあった。このことから、一九八〇年代に入ると一次産品価格は下落して低迷した。これにより砂糖、錫、コーヒーは一九八〇年代に相次いで商品協定に基づいた供給量調整の中止に追い込まれた。(21) また化学製品による代替が進んだ天然ゴムやジュートをはじめとして、いずれの一次産品も供給量を絞ることによって価格を引き上げる展望は持てなくなってしまった。

これに追い打ちをかけたのが、国際金融市場における金利の上昇とドル高であった。一九八一年にアメリカの大統領となったロナルド・レーガンは、「強いアメリカを復活させる」とし、軍備や社会保障の支出を増やすと同時に、通貨供給を抑制して高金利とドル増価を促した。これによって国際金融市場の金利も上昇した。一九七〇年代から多額のオイル・マネーを借り入れていた中進国や開発途上国は、ドル建てで変動金利の多額の債務を負っていたので、ドル高と金利上昇によって、当初の予想より多額の返済義務を負うことになってしまったのである。

一九七〇年代、多くの開発途上国は累積債務を抱えていた。一次産品価格の上昇により、開発途上国政府は自国の経済成長に自信を深めていたが、成長のためには投資が必要で、オイル・マネーを融資として得ることで、投資が実現した。また、失業解消のために財政支出を増やし、貨幣供給を拡大するというケインズ的総需要拡大政策[22]が採用された。増税せずに財政支出を拡大するので、公的借入を増やさざるを得ないのであるが、気前のいい貸し手が（産油国のほかに）大勢いるわけではないので、国債を中央銀行に購入させて貨幣を得ることとなる。これは中央銀行に紙幣を刷らせて、増大する政府支出をファイナンスすることを意味するので、通貨の大量発行の分だけ物価が上昇することとなる。原油価格高騰もインフレ高進に拍車をかけた。このようにして一九七〇年代には開発途上国や新興国の債務が累積し、インフレ率が高まった[23]。年間の債務返済額を総輸出額で割った比率を**債務返済比率**と呼ぶ。この比率は、輸出によって得られた外貨のうち、どれだけの割合を債務返済のために用いなければならないかを意味している。開発途上国にとって輸出で得られる外貨は、必需品や生産投入財を輸入するために用いたいのであるが、その外貨の多くが債務返済のために取られてしまうと、必要な輸入を賄《まかな》うことができなくなってしまう。一九七〇年代、韓国やインド、パキスタンといった国々の債務返済比率が一〇～二〇％の高率となり、多くの中南米の国々（アルゼンチン、ブラジル、チリ、コロンビア、メキシコ、ペルー、ウルグアイ）でも一〇～三〇％の値を取った。アルゼンチン、ブラジル、ボリビア、チリ、メキシコはハイパーインフレと呼ばれるほど高い、年間一〇〇％以上の物価上昇を、一九七〇年代から八〇年代にかけて、何度か経験した。これらのマクロ経済不均衡の帰結として、一九八二年にまずメキシコが債務支払停止を余儀なくされ、一九八七年にブラジルも債務返済不能（デフォルト）を宣言した。[24]この債務危機によって、債務が累積している開発途上国全体の信用が下がり、新規に融資を得にくい状態となった。

構造調整とワシントン・コンセンサス――お行儀のよいマクロ経済政策

一九七〇年代には、先進国も不況とインフレの共存（スタグフレーション）に悩まされた。当時の常識的な景気浮揚策は、財政支出増と金融緩和というケインズ的マクロ経済政策だったので、多くの国がこれらの政策を実施した。その結果、増税なしの支出増によって公的債務が拡大し、金融緩和によってインフレは継続した。ケインズ政策とは、マクロ経済の総需要を拡大し、既に備わっていながら不十分にしか活用されていない生産能力の稼働率を高めることで国民所得増を目指す政策である。したがって、生産能力の拡大や強化という供給サイドの課題に応えるものではない。生産性を上げる、効率を高める、生産能力を拡充するという目的のためには、産業政策や技術革新促進政策といった別の政策が必要である。そしてこれらの政策課題は、先進国と開発途上国に対して共に突き付けられたのである。開発経済学は「先進国と開発途上国は異なる」という認識からスタートしたのであるが、一九七〇年代以降、共通の課題に取り組むことが多くなっている。

さて、債務が累積した先進国と開発途上国に、共通して求められたのは、景気刺激策とは反対の、引き締め政策であった。というのは、これらの国々の政府に融資をした金融機関が、これらの国々の健全な財政運営と、その結果としての継続的な融資返済を求めたからである。具体的には政府支出を抑制し、貨幣供給量を減らすことによって、インフレを抑え、公的債務を減らすことが試みられた。ケインズ的な拡張主義から、(長期的な均衡財政に向かう道から外れないという意味で)お行儀のよい緊縮政策へと方向転換がなされた。そして、政府支出を減らすと共に経済全体の効率や供給能力を高めるという目的で、公的事業の民営化が推進された。さらに政府の役割を縮小し、市場の役割を高めるために、規制緩和や貿易を含む取引の自由化がなされた。

そして累積債務を抱えた開発途上国に対しては、右のような(1)総需要抑制、(2)供給サイド強化、といったような構造改革(「構造調整：structural adjustment」と呼ばれた)を支援するために、政府開発援助の一環として融資がなされた。このような融資を**構造調整貸付**(**structural adjustment lending**：**SAL**)と呼ぶ。[25]

構造調整貸付を開発途上国に供与するに当たっては、援助受入国が構造調整プログラムという経済改革計画を策定する必要がある。その内容は、先述の総需要抑制と供給サイド強化が中心となる。供給サイド強化の中身としては、外貨取引に変動相場制を導入して自国通貨安に導き、輸出競争力を高めることや、行政の効率化、民営化を含む公企業改革、賃金上昇抑制政策などが含まれている。また総需要抑制の一環として社会福祉支出の削減も取り入れられている。いずれも、援助受入国政府にとって痛みを伴うものである。これら構造調整プログラムに導入された政策条件は**コンディショナリティ**と呼ばれた。SALは、特定のプロジェクトへの融資ではなく、コンディショナリティを守ることに結び付けられたノン・プロジェクト援助（第4章を参照）であった。

コンディショナリティに採用された政策は、マクロ緊縮政策と規制緩和、経済自由化、民営化で特徴づけられており、市場競争を通じた資源配分メカニズムを信頼する新古典派経済学に沿ったものとなっていた。新古典派経済学とは、「神の見えざる手」と称される、市場競争の効率的な資源配分機能を唱えたアダム・スミスなどの古典派経済学者と見解を同じくする経済学的立場を指している。SALを供与するに当たっては、世界銀行やIMF（国際通貨基金）といったアメリカのワシントンDCに本部を置く国際金融機関の間でこれら市場メカニズム重視の政策をコンディショナリティとして援助受入国が認めることが必要である、という意見の一致があったことから、これら「小さな政府」、市場重視の政策メニューは**ワシントン・コンセンサス**と呼ばれるようになった。(26)

開発途上国の累積債務問題への先進国や多国間開発金融機関（世界銀行、IMFなど）の取り組み姿勢は、国際開発というより不良債権処理の文脈で捉えたほうが理解しやすい。融資が焦げついたとき、金融機関がとり得る対応は二通りである。その債権の回収を諦める代わりに、その債務者と二度と取引しないことにする破産処理と、当該事業が部分的にでも存続可能と判断した場合の資金投入と経営介入である。SALとそれに付随したコンディショナリティは、国際金融機関にとってみれば、不良債権処理の二つ目のパターンとして馴染《なじ》み深いものであった。世界銀行やIMFは、累積債務国を不良債務者と見なし、SALという資金投入とコンディショナリティという経営介入を行ったと解釈できる（ちなみに、一つ目のパターンである破産処理に近いアプローチが、重債務貧困国に対してなされた債務救済である）。

実際、一九八〇年代、九〇年代にSALの供与を受け、構造調整プログラムを実施した開発途上国は、構造調整に成功し、長期成長への離陸を果たしたり、国民の生活水準が上昇したりしたのだろうか。世界銀行自身の評価によっても、その効果は明らかには見られなかった。一九七〇年代、八〇年代に、SALを受けた国々と受けなかった国々を地域別、所得水準別に比較しても、SALを受けた国が受けなかった国と比較して、急速な経済成長を遂げたとはいえなかった。SALを受けた国々が、そもそもマクロ経済パフォーマンスが悪い国だったことから、この結果は致し方ないともいえる。

一方、経済成長が芳《かんば》しくなかったことに加えて、この構造調整プログラムの実施が、援助受入国の中でも最も脆弱《ぜいじゃく》な立場にある人々の生活を直撃したことが批判された。財政支出削減に伴い、社会福祉支出も切り詰められることから、この悪影響は明らかである。国連児童基金（United Nations Children's Fund：UNICEF〔ユニセフ〕）は、特に子どもや妊婦、母親を「脆弱層」と位置付け、構造調整によって彼らの福祉水準が下がったり、そのリスクが増したりしたことを指摘した。このレポートは『人間の顔をした調整（*Adjustment with a Human Face*）』と題したもので、構造調整の必要性は認めつつ、その実施の仕方をより緩やかで、そして何より人間的（脆弱層への配慮）であるべきだ、と主張した。[27] ＳＡＬ受入国政府にしても、コンディショナリティは世界銀行から義務付けられたものであって、自分たちに選択の自由はなかったという感情があるので、社会福祉の切り詰めの責任を、世界銀行などのドナー（援助する側）に転嫁しがちであった。

こうして一部の例外（東アジアの韓国、タイ、インドネシアなど）を除き、多くのラテンアメリカ、南アジア、アフリカの債務国にとって一九八〇年代、九〇年代は、経済発展の実感を得られないまま推移した。

東アジア経済発展の毀誉褒貶——市場経済からの自由

一九八〇年代、東アジアの経済発展は、他の地域が累積債務に苦しむ中で際立っていた。世界の中でも成長地域と見なされるようになったのはこの頃からである。一九七九年にはハーバード大学の社会学者であるヴォーゲルが『ジャパン・アズ・ナンバーワン』と題する著書を出版し、アメリカ人の目から日本の強みを指摘した。[28] 日本製品の国際競争力は強まり、輸出が増加すると共に貿易黒字が拡大した。そして特にアメリカとの間での貿易摩擦が激化した。その対応として一九八五年のプラザ合意によって、円高ドル安の方向に為替レートを誘導することとなった。これ以降約二年間で円のドルに対する価値は二倍に上昇した。このこともあって一九八〇年代後半には日本のドル建てGDPが世界で二位となるまでに増加した。また円高が国内での生産コスト高に直結したことから、企業の海外移転や直接投資が増加し、国内産業は「空洞化」したといわれた。さらに円高は、日本の労働市場における賃金の外貨換算額を高めることになったので、日本で働く外国人労働者が増加した。[29]

韓国や台湾も日本と同様の構造調整を迫られる。欧米諸国との間で特に繊維、電気機械に関する貿易摩擦が起こり、一九八〇年代後半からは韓国、台湾共にアメリカから韓国ウォン、新台湾元の切り上げ圧力を受けた。[30] それまで輸出主導成長を遂げた両経済も内需主導に転換していくことを迫られる。通貨の価値の上昇と共に外国人労働者の受け入れ、対外直接投資も増加していく。[31]

このように、日本に加えて韓国、台湾も先進国化していった。さらには前述のようにタイやマレーシア、インドネシアは一九七〇年代の二度の石油ショックや、その後の累積債務問題を乗り越え、一九八〇年代にも良好な経済成長パフォーマンスを示していた。さらにこれらの国・経済は、所得の不平等度が他国と比較して低いという特徴を有していた。これらのことから一九九〇年代初めに、東アジア経済の発展の原因や背景に注目が集まった。世界銀行は『**東アジアの奇跡**』と題するレポートを発表し、ワシントン・コンセンサスが推奨する健全なマクロ経済運営に加えて、物的・人的資本蓄積の充実を評価したうえで、限定的ながらも政府による積極的な産業政策の意義を認めた。[32]

写真１―７　1999年に開業したタイ・バンコクのスカイトレイン　自動車の渋滞が問題となっていたバンコク市内の交通事情を大きく変えた（2002年撮影）

この頃、日本や韓国、台湾に代表される東アジア経済の発展メカニズムが、政府の役割を小さなものと捉えるワシントン・コンセンサスの枠組みから大きく乖離《かいり》しているとの指摘や、産業政策などの積極的な政策介入が、これらの経済の発展の原因であるとする見方が増えてきた。(33)

これに加え中国も、一九八〇年代には対外開放と市場経済化を進め、一九九〇年代には他の東アジア経済の発展に呼応して成長した。中国経済の成長によって、世界の成長の核としての東アジアの位置付けはより確固たるものとなった。

経済学の進歩も、政府の役割を分析的に議論することを可能にした。ディキシットとスティグリッツは**独占的競争モデル**を考案し、生産における規模の経済（生産規模が拡大するほど生産物一単位当たりの生産コストが下がるという特質）や差別化された製品市場の独占といった「**市場の失敗**（market failure）」（競争によっても効率的な資源配分がなされないこと）の要素を持つ経済モデルを開発した[34]。このモデルは、現代経済で観察されるいくつかの重要なメカニズムの分析を可能にした。第一に挙げられるのは、数多くの企業が別個に技術革新のための投資を行い、成功したり失敗したり、一度成功しても新製品に市場を取られるといった技術革新活動が挙げられる[35]。第二に、同程度の所得水準の国々が、同一産業の生産物を互いに輸出しあう産業内貿易もこのモデルで容易に分析できることが分かった[36]。産業内貿易の具体例は、日本とドイツが、それぞれトヨタ車とフォルクスワーゲン車を輸出しあうことである。そしていま一つ、開発経済学に馴染み深い現象への応用例として、**貧困の罠**《わな》や、その罠から抜け出すための**ビッグ・プッシュ**の分析がある。貧困の罠とは、開発途上国の所得が貧困水準にあると、少しぐらいの自助努力や援助をしても貧困状態から脱却することができず、貧困状態からなかなか抜け出せないことを指している[37]。そしてビッグ・プッシュとは、貧困の罠から抜け出せるぐらい大きな努力や援助を意味している。[38] 市場の失敗が生産資源配分を非効率な状態（この場合は貧困の罠に相当）に留《とど》めてしまうため、そこから抜け出すためのビッグ・プッシュとして産業政策が正当化された。このように経済学の側から、日本や韓国、台湾で採られたような産業政策の意義を裏付ける理論が示されたのである。

いま一つの経済学の進歩は、それまでは歴史学や社会学の分析対象とされていた様々な制度や習慣を、経済学で分析するというアプローチから生じた。このアプローチの分析からは、終身雇用や年功序列的賃金といった日本的雇用慣行に経済合理性がありうるとする研究が現れ、東アジアの社会のあり方が、欧米とは違った意味で合理的であり、かつ効率的である可能性を示唆した。ノースは、固定的と見られていた制度や習慣が、非常に長い目で見れば、それらの目的に照らして効率的かどうかによって選択・淘汰《とうた》されてきたという見方を示した。[39] そしてこの見方をさらに深めるために、ゲーム理論が用いられた。なかでも青木昌彦《あおきまさひこ》は、個々の労働者の技能や専門が明確に定義・区別され、企業を超えてそれらの技能や専門性が評価される反面、自分の専門以外のことには責任を持たない分権的ヒエラルキーを前提としたアメリカモデルと、これと対照的に、一人の労働者が複数の工程を担当可能で、それがゆえに職種間の壁が低く、個別の企業のみで有用な技術や情報取得が重視される水平的ヒエラルキーを前提とした日本モデルを提示した。そのうえで青木は、どちらのモデルも時代や状況に応じて経済効率的でありうることを示し、日本の経済や社会、企業、労働市場、金融のあり方の存在意義を主張した。

このようなゲーム理論を用いた比較制度分析が、日本のみならず、市場経済化を進める中国の制度の正当性を検討するためにも活用されたのである。[40]

しかしこれまで述べてきたような日本をはじめとする東アジア経済に対する評価は、一九九一年の日本のバブル崩壊と、一九九七年の**アジア通貨危機**によって一変する。[41] 日本と同様に不動産に本来の価値よりも高値がつき、いつかは不動産価格が急激に値下がりし（バブル崩壊）、不動産を所有している金融機関の経営も危うくなると懸念されていたタイにおいて、一九九七年五月に、多くの外国人投資家がタイ国内に保有する資産を売り、その資金がタイから引き上げられた。資金を引き上げる際には、タイ・バーツ建ての資産を売って国際通貨である米ドルを得ることになるので、タイ国内にはバーツが溢《あふ》れ、ドルが不足することとなる。タイ中央銀行にも、バーツを買い支えるためのドルが不足してきたことから、タイは変動相場制に移行し、ドルとバーツの自由取引を許した結果として、1ドルに対して多額のバーツを引き換えにするバーツ安のレートがついてしまった。これはバーツで所得を得ているタイ人にとって、所得の国際的価値が下がることを意味する。これを見た投資家は、バーツの価格がさらに下がり、バーツ建て資産の価値が下落することを恐れて、より多くのバーツ資産を売り、それによってさらにバーツの価格が下がるという悪循環を招いた。これがさらに金融機関や企業の経営破たんを誘発し、タイ経済は危機に陥った。そしてマレーシアやインドネシアといった周辺国、そして韓国までも同様の経済危機が予見された結果、資本流出と通貨の価値下落、そして経済危機を迎えることになってしまった。

青木昌彦の分析によれば、会社コントロールの方法には、外部株主を重視するアメリカ型と企業グループ内のインサイダーであるメインバンク等の役割に重きを置く日本型がある。東アジアの国々も日本と同様に企業グループの結束力が強く、外部株主などアウトサイダーの権限や役割が相対的に小さい。アジア通貨危機は、このような企業コントロールに関する東アジアモデル自体に疑義を生じさせる結果を招いた。このように、一九九〇年代前半までは高い評価を得ていた東アジア型経済発展パターンが、その評価を失墜させたところで二〇世紀は幕を下ろす。

1―4　世紀末から新ミレニアムへ――目標と成果

成果主義の目標としての貧困削減

一九九〇年代は、二〇世紀の世紀末であった。一九九〇年にはイラクがクウェートに侵攻し、これに対抗してアメリカが中心となった国連軍がイラクに反撃する湾岸戦争が起こった。一九九一年にはソビエト連邦が崩壊し、それに先立って東欧諸国が体制転換した。同年、ユーゴスラビア紛争が起こり、約一〇年にわたり続くこととなる。ソマリアの内戦も激しさを増していく。一九九四年にはルワンダで大虐殺が起こる。他のアフリカ諸国でも紛争が多発した。一九

表1―1　1990年代の実質一人当たり所得の変化

地域	1990年	2000年	年平均成長率（%）
サハラ以南アフリカ	1, 174	1, 097	−0. 7
南アジア	547	745	3. 1
世界	7, 763	8, 613	1. 0

注：値は2010年価格で評価されており、単位は米ドルである
データ：世界銀行 World Development Indicators（http://databank.worldbank.org/data/home.aspx）

九〇年代は、緒方貞子《おがたさだこ》が国連難民高等弁務官（UNHCR）だった時期とほぼ重なる(42)。

この世紀末の一〇年、世界にあまり良いことはなかった。あえて挙げれば、南アフリカでアパルトヘイトの撤廃が進んだことぐらいであろう。構造調整による引き締め政策のため、債務国の経済成長は芳しくなかった。表1―1に示したように、サハラ以南アフリカの一人当たり所得はこの一〇年間で減少している(43)。南アジアは、この一〇年間に経済自由化を進めたインド経済に牽引されて年率で三・一%という世界平均の一・〇%よりも高い経済成長を実現しているが、それでも二〇〇〇年時点で、サハラ以南アフリカの七割程度の所得水準に甘んじていた。これに加えてサハラ以南アフリカではエイズの発症が広がりはじめていた。

この時期、中国やインドの成長が始まっていたものの、一般の開発途上国は閉塞感でいっぱいだった。構造調整の成果は顕著に現れず、公的債務は経済にのしかかり、そのうえ希望の星に見えた東アジアも通貨危機に見舞われた。構造調整を推し進める世界銀行やIMFは、グローバル化を推進する世界貿易機関（WTO）と共に、一九九〇年代後半、市民団体の非難にさらされることになった。この頃、

IMFと世界銀行が共同で開催する年次総会や、WTOが二年に一度開催する閣僚会議では、市民団体が構造調整やグローバル化推進に対する抗議行動を起こした。特に、一九九九年にシアトルで開催されたWTO閣僚会議の際には、抗議行動が暴動にまで発展した。

表1―2　ミレニアム開発目標（MDGs）

目標①	極度の貧困と飢餓の撲滅
目標②	普遍的な初等教育の達成
目標③	ジェンダー平等の推進と女性の地位向上
目標④	乳幼児死亡率の削減
目標⑤	妊産婦の健康の改善
目標⑥	HIV／エイズ、マラリア、その他の疾病のまん延防止
目標⑦	環境の持続可能性確保
目標⑧	開発のためのグローバルなパートナーシップの推進

何かを変えなければならないことは明らかだった。そのきっかけとして世紀の変わり目、のみならず千年紀の変わり目の二〇〇〇年を捉えたのは得策だった。千年紀を意味する「ミレニアム」という、一般には耳慣れない言葉を冠された**ミレニアム開発目標**（Millennium Development Goals：MDGs）が、二〇〇〇年から二〇一五年までの、新しい国際開発の枠組みとなった。

MDGsは、表1―2に示したように八つの目標からなっている。目標①が貧困、②が教育、③がジェンダー、④～⑥が保健、⑦が環境に関する目標で、⑧は援助する側（ドナー）に向けられた目標である。

構造調整という、言わば債権者目線での政策が行き詰まりに直面していることを、当時の世界銀行総裁のウォルフェンソンは気づいていた。そこで一九九九年に導入した世界銀行の新方針である「包括的な開発フレームワーク（Comprehensive Development Framework：CDF）」の目標として貧困削減を掲げた。

MDGsの追求に当たっては、民間部門の経営手法を公的部門に取り入れる「新公共経営」（第4章2節を参照）の一環として、**成果主義**が取り入れられた。成果主義は、投入や努力といったインプットではなく、成果というアウトプットを基準とした経営を指している。その実践のためには、①成果指標、②その指標に基づく数値目標、③達成期限、を特定することと、④指標算出に用いるデータを得ること、そして、⑤成果の良《よ》し悪《あ》しに応じて賞罰のような達成インセンティブを与えること、が必要となる。このことから、MDGsの各成果指標は（一九九〇年から二〇一五年までに値を）「半減させる」あるいは「3分の2引き下げる」といったような具体的な数値目標として示された。また、必要なデータ収集に当たっては、開発途上国の統計局に対して、国連や世界銀行が支援を行った。

MDGsの目標とターゲット（数値指標を含む）は、すべてそのまま低所得国の開発計画である**貧困削減戦略文書**（Poverty Reduction Strategy Paper：PRSP）に取り入れられ、国の開発目標と読み替えられることとなった。PRSPの作成と、その世界銀行・IMFによる承認は、世界銀行やIMFの譲許的融資（利子率などの返済条件が借入国にとって有利に設定されている融資）を得たり、重債務貧困国として債務削減を受けたりするための必要条件とされていたため、ほとんどの低所得国がPRSPを作成していた。[44] つまり低所得国は、PRSPに盛り込まれた目標の達成を通じて、世界全体のＭＤＧｓ達成に貢献していた。そしてＰＲＳＰ通りの貧困削減や社会開発が進まないと、世界銀行やＩＭＦを含むドナーからの支援が見直され、援助が滞ってしまうというペナルティが機能していた。ドナーからの支援を継続的に得るために、低所得国にはＰＲＳＰに盛り込まれた貧困削減戦略を実現するインセンティブがあった[45]。

このインセンティブに導かれるように、二一世紀初頭に多くの開発途上国で貧困削減が進んだことを、第2章で詳述する。二〇一五年には、今やほとんどの日本人が知っているであろう「**持続可能な開発目標**」（Sustainable Development Goals：ＳＤＧｓ）がＭＤＧｓを継承して今に至る（第4章参照）。

開発経済学は終わり、ではない

本章の冒頭で紹介したクルーグマンは、「開発途上国のみに適用することを前提とした開発経済学」はその役割を終えた、と考えた。その見解は妥当だろう。本章で見てきたように、開発経済学は「他者無理解」に基づく二重経済論に端を発したが、一九七〇年代の石油ショックへの対処以降、先進国と開発途上国は同一の問題に直面することが多くなった。しかも、日本やシンガポール、韓国、台湾そしてそれらに続く東アジア諸国のように、欧米先進国にキャッチアップする国々が現れたことから、従属論者が懸念したような、先進国と開発途上国の完全な二極分化が必然的でないことが明らかになった。開発途上国のみに向けられた経済学はもはや必要ないかもしれない。

しかし、開発途上国が、その国民のうちの重要な一部である貧困層の生活水準を向上させるための経済学、開発途上国がグローバル経済の中でその生産物の競争力を高め、産業発展を進めるための経済学、地球環境の持続性を保ちつつ、開発途上国がその国民の生活水準を上げていくための経済学は、現在も求められている。このような経済学を現代の「開発経済学」と解釈して、次章以降の記述を続けたい。

次章では、開発途上国やその国に住む人々が、どのような課題に直面しているのかを考えよう。

第2章　二一世紀の貧困——開発の成果と課題

日本が昭和だった時代（つまり一九八九年まで）、近隣の東アジアでは貧困が身近な現実だった。一九八七年に、韓国では全斗煥《チョンドファン》を引き継いだ、のちの盧泰愚《ノテウ》大統領が民主化を宣言したが、それは極めて唐突で、日本人にとっては、韓国における権威主義的な統制がすぐに終わるとは思えなかった。同年台湾では、それまで三八年間続いていた戒厳令が解除され、翌年、台湾出身者（本省人と呼ばれる）として初めて李登輝《りとうき》が総統に就任した。韓国、台湾共に、この後労働運動が活発化し、労働者の賃金の大幅な上昇が実現する。それまで一般労働者の賃金は抑制されていて、豊かさは実感されなかったのである。中国も、一九七八年に改革開放政策が始まったものの、一九八九年に発生した天安門《てんあんもん》事件によって、その路線は中断された。そのころ筆者は研究者として職を得て、タイやフィリピン、インドネシアに出張したが、どの国であれ首都の空港は、人々でごった返していて、荷物を失ったり、何かにつけ法外な料金を払わされたりして、制服を着た職員風の人さえ信用できない危険な場所と認識されていた。現在のこれらの国の首都の空港は様変わりしていて、とても美しく快適であり当時とは隔世の感がある。

昭和の終わりから約三〇年が経過して、東アジアの人々の平均的な生活水準は大きく向上したと断言できる。韓国は一九九六年に、先進国の間の政策協調を主たる機能としている**経済協力開発機構**（Organisation for Economic Co-operation and Development：ＯＥＣＤ）に加盟し、先進国の仲間入りをした。シンガポールは二〇一〇年に、一人当たり所得で日本を追い抜いている。インドネシア、マレーシア、フィリピン、タイの首都においては、「日本にも、どこかこんなに洗練された場所があったかな」と思うほど、ＩＴ技術を駆使したきらびやかなビジネス街や繁華街がある。そしてこれらの国々の地方にも、生活水準の向上が見られる。

2―1　世界の貧困の概観――数字に現れる貧困削減

貧困をどう測るか

これまで三五年の職業生活の間、筆者はアジアに加え、アフリカや中南米にも足を運ぶ機会を得た。そしてサハラ以南アフリカでも南アジアでも、ラテンアメリカの内陸部でも、一般の人々の生活に、それなりの豊かさを実感した。しかし世界の多くの地域で貧困削減が進んでいることは統計にも表れているので、まずは統計によって、前世紀からの世界の地域別貧困削減実績を確認しよう。

今世紀に入ってから、世界のすべての開発途上国の統計収集の手法が進歩している。前章で紹介したミレニアム開発目標の進捗状況を国別にチェックするために、国連や世界銀行などが各国の統計局を支援した結果である。これにより、開発途上国政府は数年おきに家計所得支出調査という大規模な標本調査を行い、数千、数万といった数の世帯の所得や支出が、時系列的に、そして国同士でも比較可能なフォーマットでデータが収集されている。(1)

それらのデータを用いて、「貧困から免れるためにはこの額を上回る所得が必要」とされる所得水準として**貧困線**（poverty line）を推計する。(2)貧困線には、世界共通に適用される国際貧困線と、各国および一国内の地域ごとに推計される国別・地域別貧困線とがある。国別・地域別の貧困線は、開発途上国の政府の統計局が、それぞれの国で数年おきに実施される家計所得・支出調査の結果を元にして更新したり改定したりする。食品ごとの物価上昇率も勘案し、「最低限の生活のために必要な額」が推計される。なかでも、生存のために最低限の栄養のみを勘案した貧困線を、食料貧困線と呼ぶ。このようにして推計された貧困線を下回る所得しか得ていない人は、貧困層に分類される。

二〇二二年八月まで国際貧困線として広く採用されていたのは、一人一日一・九米ドル（ただし二〇一一年の物価が基準とされている）という所得水準である。(3)国や地域が異なれば主食が違う。主食にされる食物が米である地域もあれば、小麦、トウモロコシ、イモ、バナナである地域もある。ある種の肉（ヒンドゥー教徒にとっての牛肉、イスラーム教徒にとっての豚肉）を食べない人々もいるし、全く肉を食べない人々もいる。さらに野菜や油の種類、好みも地域によって多様である。国別・地域別貧困線には、そういった食生活の違いが反映される。そして現地通貨で定義される国別・地域別貧困線を市場為替レートで米ドルに変換すると、国別・地域別に異なった貧困線（米ドル単位）が算出されてしまう。しかしそのように多様な国別・地域別貧困線を国際比較のために用いるのは不便なので、世界全体の人々の消費ニーズを広く反映した国際貧困線が、一日一・九米ドルと設定されているのである。

世界規模で進む貧困削減

さて、この一日一・九米ドルという国際貧困線で、一九八一年から最近までの世界の貧困者比率の地域別推移を示したのが図2―1である。この間、世界で貧困者数が多かったのは、東アジア（東南アジアを含む。以下同）・大洋州、南アジア、サハラ以南アフリカであった。そこでこれらの地域の貧困者比率を示している。

貧困者比率とは、それぞれの年の貧困者数をその年の当該地域の人口で割った比率である。[4]黒の太線が、世界全体の貧困者比率の推移を示している。これによれば一九八一年には、世界の人口の四〇％以上が貧困者であった。この頃には、中国やインドの中でもかなり多くの人々が貧困者と分類されていた。この比率は一九九六年に約三〇％となり、二〇〇五年には約二〇％、そして二〇一八年には一〇％以下へと継続的に低下したことが分かる。このように、貧

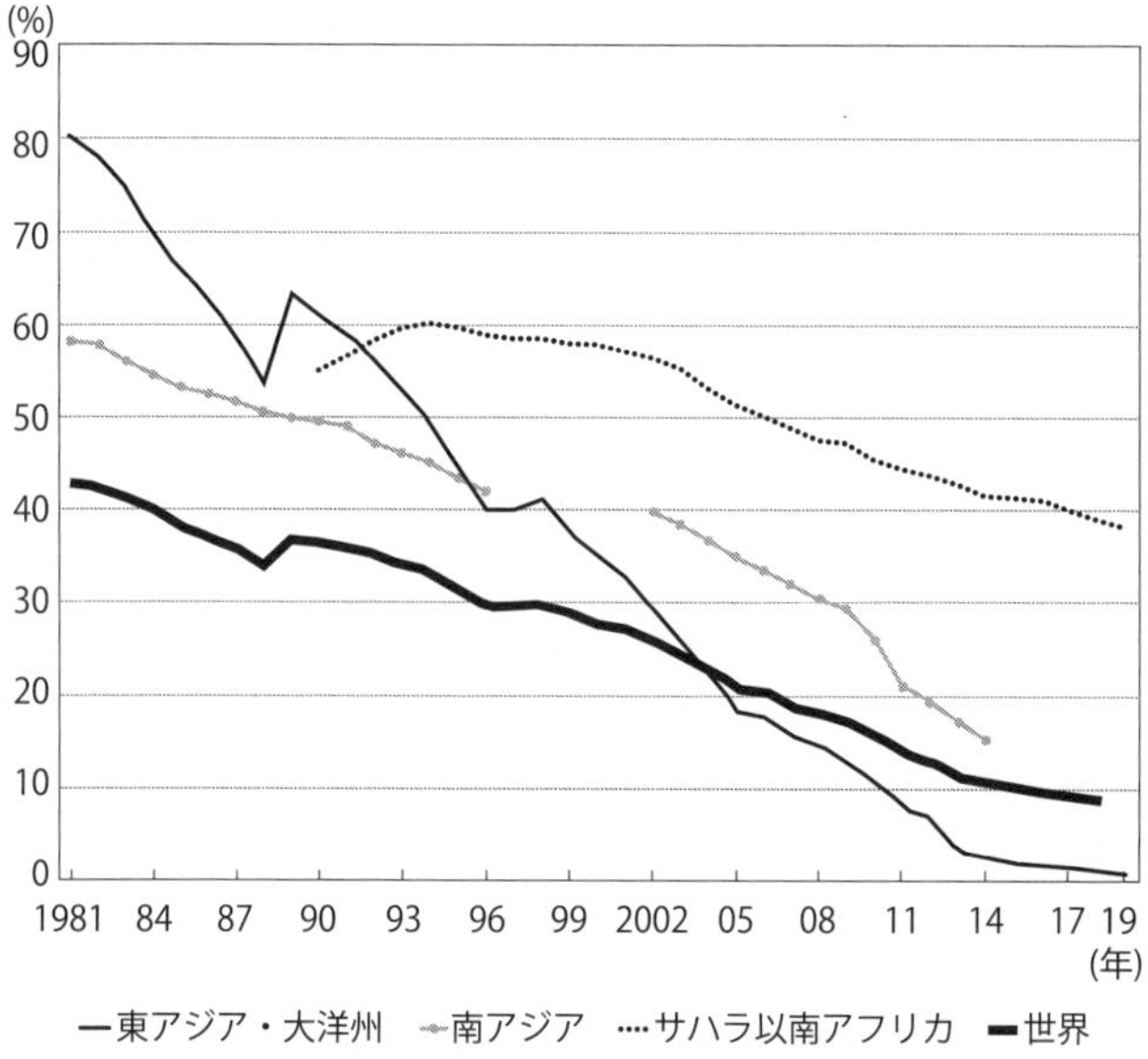

図2―1　世界の主要な地域の貧困者比率の推移（単位：%）

注：出所は世界銀行の DataBank の World Development Indicators（https://databank.worldbank.org/）。南アジアの1997～2001年の数値は公表されていない。またサハラ以南アフリカの数値は、1990年から公表されている

困者比率で見て、過去数十年にわたって世界の貧困削減は進んできた。

世界の貧困者比率の低下に最も大きく寄与した地域は東アジア・大洋州である。同地域は図2―1において、最もダイナミックな貧困者比率の低下を示している。一九八一年には人口の八割が貧困者であったが、二〇一九年には同比率が〇・九%にまで低下している。約四〇年の間に「ほとんどが貧困者」の状態から「貧困者は人口の一%以下」という状態に変化したのである。南アジアにおいても、過

写真２―１　バングラデシュの首都ダッカのスラム　注：2009年撮影。これらの建物は、現在では撤去されている

去三五年の間、貧困者比率は着実に低下したことが見て取れる。一九八一年には人口の半数以上が貧困者であったが、その値は年々低下し、二〇一四年には一五・二％に低下している。これも劇的な変化といえる。南アジアの人口は二〇一四年で約一七億人で、そのうち約一三億人がインド、二・〇億人がパキスタン、一・五億人がバングラデシュである。したがって、インドにおける貧困削減、そしてパキスタン、バングラデシュという大国における貧困削減が相まって、南アジア全体の貧困者比率の低下につながったといえる。

サハラ以南アフリカにおいては、一九九〇年代を通じて、貧困者比率の顕著な低下が見られなかった。一九九〇年の五五・一％から一九九四年には六〇・二％に上昇し、その後も一九九〇年代を通じて五〇％台後半に高止まりしている。第1章でも触れたが、一九九〇年代のアフリカは、全体的に紛争と感染症、そしてマクロ経済においては構造調整政策（引き締め政策）による政府支出削減が相まって、貧困削減とは逆行していた。一九九〇年代前半には西アフリカのシエラレオネやリベリアで、少年兵を巻き込む内戦があり、一九九四年には一〇〇日間で犠牲者五〇万人以上といわれるルワンダ大虐殺があった。ソマリア、エチオピア、エリトリアも不安定であった。(5) また、特に南部アフリカ、東アフリカにおいて、HIV／エイズが蔓延《まんえん》しはじめていた。(6) これらの要因が、一九九〇年代の貧困者比率の高止まりをもたらしたと考えられる。

しかしそのサハラ以南アフリカにおいても、今世紀に入ってから貧困者比率は顕著に低下の傾向を見せている。一九九九年に五八・二％だった値が徐々に低下し、二〇一九年には三八・三％に至っている。二〇〇〇年代には、石油などアフリカに存在する資源の価格上昇があったり、抗エイズ薬の広範な無償配布が実現したり、携帯電話などのIT関連商品が農村にまで浸透するといったような変化があり、それらがアフリカの貧困削減に寄与したものと思われる。

貧困者数の推移

ここで世界の貧困者数の規模を確認しておこう。表2—1は貧困者数の地域別推移を表している。世界の貧困者数は、前世紀終わりの一九九六年に約一七億人であった。その内訳は、東アジア・大洋州が約八億人、南アジアが五・四億人、サハラ以南アフリカが三・五億人である。

表２―１　貧困人口の推移（単位：億人）

地域	1996	2002	2006	2010	2014	2018
東アジア・大洋州	7.90	6.06	3.82	2.38	0.59	0.28
南アジア	5.41	5.71	5.17	4.24	2.63	―
サハラ以南アフリカ	3.52	3.94	3.89	3.94	4.01	4.19
世界	17.20	16.06	13.25	10.87	7.70	6.61

出所：図２―１の貧困者比率に各地域の人口を掛けて推計したもの

このことから世界の貧困者のほとんどがこれら東アジア・大洋州、南アジア、サハラ以南アフリカに居住していたことが分かる。なかでも東アジア・大洋州の人口大国は中国であり、南アジアではインドであることから、これらの地域の貧困者の多くが中国およびインドの人々であると考えてよい。

表から明らかなように、世界の貧困者数は一九九六年から二〇一八年までの間、継続的に減少している。二〇一八年の世界の貧困者数の推定値は、約六・六億人である。また一目瞭然なのは、この貧困者数の減少のほとんどが、東アジア・大洋州における貧困者の減少で説明される、ということである。一九九六年に約八億人であった東アジア・大洋州の貧困者数は、二〇一八年には二八〇〇万人にまで減少している。これは中国に加えて、インドネシア、タイ、フィリピン、マレーシアといった国々においても貧困削減が進行したことを示している。中国と東南アジア諸国の経済発展が、貧困削減に結実していることが分かる。

一方、南アジアでも顕著な貧困者数の減少があったことも見て取れる。一九九六年に約五・四億人だった南アジアの貧困者数は、二〇一四年には約二・六億人に半減している。ただし、サハラ以南アフリカにおいては、一九九六年に約三・五億人だった貧困者数が二〇一八年には約四・二億人へと増加してしまっている。結果として一九九六年から二〇一八年までの間で、世界の貧困者数は半分以下に減少した。この貧困削減に最も寄与したのは東アジア・大洋州であり、南アジアも大きな貢献をしている。一方で、サハラ以南アフリカは、いまだに貧困の課題が大きい、といえる。

今なお貧困が深刻な国々

前項で述べたように、世界全体として過去数十年の間、貧困削減に関する大きな進捗が見られた。しかしながら、それは世界のすべての人々が貧困状態から脱却したということでは全くない。

表2—2は、世界の地域ごとに、貧困者比率の高い主な国々を掲げている。サハラ以南アフリカにおいては、二〇一九年にデータが得られる国の中で、値の高い一四ヵ国を掲載した。ラテンアメリカ・カリブ諸国および中東・北アフリカの国々の貧困者比率は概して低いが、その中で値が高いイエメンとハイチ、ホンジュラスを掲載した。またアジア・大洋州においては、貧困者比率の高い順にパプアニューギニアからバングラデシュまでを取り上げた。さらにアジア・大洋州からは、ニュース報道で取り上げられる頻度の高いフィリピン、インドネシア、ベトナム、中国の値も掲載した。

表2―2　開発途上国の貧困者比率

地域	国	調査年	貧困者比率(%)	地域	国	調査年	貧困者比率(%)
サハラ以南アフリカ	マダガスカル	2012	77.6	アジア・大洋州	パプアニューギニア	2009	38.0
	コンゴ民主共和国	2012	77.1		東ティモール	2014	30.3
	ブルンジ	2013	71.7		ソロモン諸島	2013	25.1
	マラウイ	2010	71.4		ラオス	2012	22.7
	モザンビーク	2008	69.1		インド	2011	21.2
	ギニアビサウ	2010	67.1		ミクロネシア	2013	16.0
	中央アフリカ	2008	66.3		バングラデシュ	2016	14.8
	レソト	2010	59.6				
	ルワンダ	2013	59.5		フィリピン	2015	8.3
	ザンビア	2015	57.5		インドネシア	2016	6.5
	ナイジェリア	2009	53.5		ベトナム	2014	2.6
	シエラレオネ	2011	52.2		中国	2014	1.4
	マリ	2009	49.7	中東・北アフリカ	イエメン	2014	18.8
	ベナン	2015	49.6				
				ラテンアメリカ・カリブ諸国	ハイチ	2012	23.5
					ホンジュラス	2016	16.0
サハラ以南アフリカ全体		2013	42.3	世界		2013	10.9

注：出所は図2―1と同じ

各国の貧困者比率は毎年算出できるわけではない。家計所得・支出調査という標本調査を行った年のみ、正確な貧困者比率を推計できるのである。したがって表2―2には、何年に家計所得・支出調査を行ったかが記されている。

この表によれば、二〇一九年までに情報が得られる国々の中で最も貧困者比率が高いのはマダガスカルで、その値は七七・六%である（二〇一二年調査）。それに次ぐのはコンゴ民主共和国の七七・一%である。いずれも国民の四分の三以上が貧困層に分類されることを意味している。マダガスカルはアフリカ大陸の東に位置する島国である。面積は日本の一・五倍ほどあるが、人口は約二六〇〇万人（二〇一七年）なので、人口密度が低い。キツネザルやバオバブなどの固有種が多く、生物多様性で特徴づけられた国だけに、都市から離れれば、自然の厳しさにも直面することになる。二〇一四年、二〇一七年の両年には、主にネズミを宿主とするノミに媒介されたペストが流行し、公衆衛生上の脅威となった。また二〇一九年から二〇二二年まで、気候変動にもよるといわれる干ばつによって飢饉が発生している。[7]

コンゴ民主共和国はコンゴ川流域を中心とするアフリカの大国の一つである。二〇一七年の人口は八〇〇〇万人以上と推定されている。鉱物資源が豊かで、天然ガス、石油のほかレアアースと総称される希少な鉱物も産出されている。そしてその資源収入を資金源として武力紛争が頻発していて治安が悪い。[8]日本の外務省が判断する治安状況の危険度で最高となる「退避勧告」が、コンゴ北東部に出されているほどである。この地域では女性への性暴力が頻発しており、自ら危険にさらされながらも、長年医師として性暴力被害者を支えてきたデニ・ムクウェゲが、二〇一八年にノーベル平和賞を授与されたことで、同地域の紛争や性暴力の深刻さが知られることとなった。コンゴ民主共和国は、コンゴ川、コンゴ盆地、天然資源といった豊かな潜在力を持っているにもかかわらず、紛争がこの国の人々の貧困を招来しているといえる。

これら二ヵ国以外のサハラ以南アフリカの国々も、それぞれに厳しい自然条件、植民地支配に由来する政治・経済構造、紛争といった多様な課題を抱えている。

表2―2に掲げたサハラ以南アフリカ以外の国々の中で、特筆すべき国としてイエメンを挙げたい。表においてイエメンの貧困者比率は一八・八%とされており、この数値は二〇一四年の調査の結果である。一八・八%という値は、この表に掲げられた国々の中で、特に高くない値に見える。しかしイエメンでは二〇一五年に国内の対立が激化して内戦に至り、国民の多くが飢餓の危機に瀕《ひん》している。中東の強国であるサウジアラビアとイランの対立が内戦の背景にあり、主要な港であるホデイダ港が戦火の中にあるため、国連等の食料緊急支援が行えない状態であった。二〇一八年一二月に、国連が仲介した和平協議で停戦が合意され、ホデイダ港が使用可能になった。これによって緊急支援が進むことを世界が祈っている。というのは、UNICEFの推計では、二〇一九年四月の時点で、一二〇〇万人の子どもが緊急支援を必要としており、そのうち三六万人の五歳以下の子どもたちが重篤な栄養失調の状態にあったからである[9]。表2―2のイエメンの値は二〇一四年のもので、その後は情報が更新されていないため、この数値は現在のイエメンの貧困を表してはいないのである。

同様に、アフガニスタン、シリア、南スーダン、リビアといった国々には多くの貧困者がいると考えられるが、表2―2には掲載されていない。というのは本表作成時（二〇一九年）まで、これらの国々は、戦闘や暴力が頻発していて治安が非常に悪かったために、貧困者比率のデータが得られなかったからである（ただし南スーダンについては、二〇一六年に貧困者比率が七六・五%だったことが公表された)。つまり世界は、表2—2で表現されている以上の貧困問題を抱えている、ということを強調しておきたい。

2—2　不利な立場の人々——女性と性的少数者

前節で見たように、二〇世紀半ばには世界の貧困層のほとんどが住んでいた東アジア、南アジア、アフリカにおいて全体的な貧困削減が進んだものの、今でも人口のかなりの割合が貧困状態に置かれている国がある。さらには、いくつかのカテゴリーに属する人々は、それ以外の人々と比べて、貧困や人権侵害に直面する可能性が高い、ということを本節から5節まででは説明したい。そのカテゴリーとは、女性と性的少数者、子ども、難民と避難民、障害者などである。以下では、これらのカテゴリーの人々の貧困や人権侵害について議論したい。

ジェンダーという性差

開発途上国においてのみならず、先進国においても、女性は男性に比して長い間不利を被ってきた。またその不利は、肉体的・生物学的な要因によってではなく、社会によって構築された不利であった。[10] ボーヴォワールはこれを「人は女に生まれるのではない、女になるのだ」と表現している。これはいわゆる「女性らしさ」が先天的にそなわったものではなく、後天的に社会から与えられるものであることを意味している。このように社会的に作り出される性差のことをジェンダーと呼ぶ[11]。

男女平等化の進歩

先進国において男女の平等や女性の地位向上が試みられて久しい。開発途上国においても教育や保健の面での男女格差はかなりの程度解消されている。例えば国際連合教育科学文化機関(United Nations Educational, Scientific and Cultural Organization：UNESCO)によれば、二〇一八年における初等教育就学率の男女格差(男児の就学率に対する女児の就学率の比)は、サハラ以南アフリカで〇・九六、中東・北アフリカで〇・九七、ラテンアメリカ・カリブ諸国で〇・九八であり、女児の就学率が男児の就学率にかなり近づいている。東アジア・大洋州、ヨーロッパ・中央アジアは既に一・〇に達しており、南アジアに至っては一・〇七と、女児の就学率が男児の就学率を上回っている。

保健の面においても、男女格差は縮小している。今や平均寿命は世界のどの地域においても女性が男性を上回っている。一九八〇年以前は南アジアにおいて男性の平均寿命が女性の平均寿命を上回っていたのであるが、それも一九八〇年代から逆転している[12]。

なお残る女性の行動制約——パルダと女性器切除

このように開発途上国において男女平等化が一定程度見られる反面、女性の貧困、人権侵害につながる様々な要因が残存していることも強調しておかなければならない。

そもそも開発途上国においては、男性優位の習慣や制度が長い間存続してきた。例を挙げれば、家庭において食事は男性が食べてから女性が食べる、さらには保健、教育、勤労等々の面で男性が優遇される、女性の外出が家族に好まれない、妻に資産や土地の所有権や相続権が認められない、女性の賃金や所得が男性に比して低い、といったようなことである。

写真2―2　バングラデシュ女性の衣装　サリーを着ている女性と黒色のニカブ（眼だけ出す）やチャドル（顔が出る）を着ている女性がいる（2000年撮影）

またいくつかの地域においては、女性の行動を制約する社会規範がある。南アジアや中央アジアにおいては**パルダ**（ペルシャ語で幕を意味する）という習慣があり、女性を「幕の中にかくまう」ことが良しとされる。この文脈で、女性をできるだけ外出させない、女性が外出する際には大きな布（ブルカ、ニカブ等の衣装）で身体を隠す、といった行動制約がある。さらに南アジアにおいては、婚姻時に花嫁側が花婿側に対して婚資（金品）を贈与することが求められる。この婚資はダウリーと呼ばれている。[13]ダウリーの多寡は、後々に家族や親戚の間の争いの元となり、暴力や殺人事件にまで発展することがある。実際にバングラデシュでは毎月一件程度、ダウリーにまつわる家族内での暴力が報道されている。一例を挙げれば、二〇二二年七月三一日、同国南西部のシャットキラ県県庁所在地の村において、夫が五年前に結婚した妻に対し、妻が結婚時に日本円で約一五万円をダウリーとして夫に払っていたにもかかわらず、ほぼ同額のダウリーの支払いをさらに求めて暴力を振るい、ついには絞殺した、とする事件が報道されている。[14]このようにダウリーは親族間の暴力に発展しやすいことから、インド、バングラデシュ、ネパールでは法的に禁止されている。しかしながら法で定められた罰則を履行するための警察・司法機能が弱いため、現在でも南アジアで広く実施されている。

東アフリカや西アフリカの一部の地域においては、女性の「処女性維持と性欲抑制」のために、女性器（またはその一部）を切除する習慣がある。[15]これは女子割礼と呼ばれることもあり、成人儀礼として行われる。本人の意に反して行われることもあるという点と、非医療従事者が医療的知識を欠いたまま切除や縫合を行う点が問題視されている。

アマルティア・センの「喪われた女性」

このように女性の行動制約が社会の様々な分野に影響しているため、今なお開発途上国の女性は保健や人権に関する大きな課題に直面している。第一に、いまだにいくつかの開発途上国において、女性の死亡率が男性の死亡率より顕著に高いことが知られている。一般に出産時の男児と女児の比率は五一対四九で男児のほうが多い。一方、幼少時には男児のほうが弱くて死亡率が高い傾向にあり、そのことで男性と女性の比率は徐々に五〇対五〇に近づいていく。しかしいくつかの開発途上国で、成人男性の同じく女性に対する比率が顕著に1より高いことをノーベル経済学賞受賞者のセンが指摘した。センはこの現象を「生存しているべき女性が死亡した結果、男性比が異常に高くなっている」と解釈し、「本来生存しているはずなのに死亡してしまった女性」を喪《うしな》われた女性（missing women）と呼んだ。[16] そしてセンは女性の高い死亡率の原因が、強い男児選好によって、女の子が生まれると分かると中絶したり、生まれた後に殺してしまったり、養育時にも男児を優遇して女児には男児ほどの世話をしなかったりすることにある、と主張した。特にインドや中国で男女比率の歪《ゆが》みが激しいが、インドは前述のように女性の行動規制が強く、ダウリーなどの制度もあって、女子は経済力が小さく、養育費用もかさむと信じられている。[17] また中国では一九七九年から二〇一四年まで、人口抑制を目的とした一人っ子政策が採用されていた。したがって夫婦が一人しか子どもを持てなかったのであるが、そのような条件下で、将来的により経済力が高いと思われる男児を選好する傾向が強かったと考えられている。

　センの「喪われた女性」の主張は大きな論議を呼び、その人数の推計値について論争があった。世界銀行は二〇一二年版の『世界開発報告』で、二〇〇八年の時点での「喪われた女性」の数を年齢階層別に推計している[18]。これによると出産の時点で中国では一〇九万人、インドでは二六万人の女の子が人口学的な理論値より少ない。つまりこれほど多くの女児が出産時に既に意図的に中絶（または出産後に殺害）されたと推計されている。世界全体では一四三万人に上る。さらに六〇歳までの人口学的な男女比の理論値を基準とすると、中国では一二五万人、インドでは八六万人、世界全体では三八八万人の女性が人口学的には説明のつかない要因で死亡したとされている。人口学的に説明のつかない要因とは、社会において女性が被る様々な不利が集積したもの、と解釈できる。つまり「喪われた女性」の推計値は、開発途上国における男性に対する女性の不利を「人的損失数」として表現した一つの指標となっている。

女性に対する暴力

開発途上国においては、女性が家庭の内外で暴力を受ける大きなリスクにさらされていることが、現在でも大きな課題となっている。図2—2は、世界各国で女性に対して行った標本調査の結果として、調査時点から過去一二ヵ月の間に暴力を受けたことのある女性の割合を示している。この結果によれば、アフガニスタンの女性が一年間に（一度でも）暴力を受ける可能性は四六％である。図2—2は、世界でこの値が高い一五ヵ国を示している。アフガニスタンに続くのはバヌアツ（オセアニア）、赤道ギニア（アフリカ）、ソロモン諸島（オセアニア）、コ

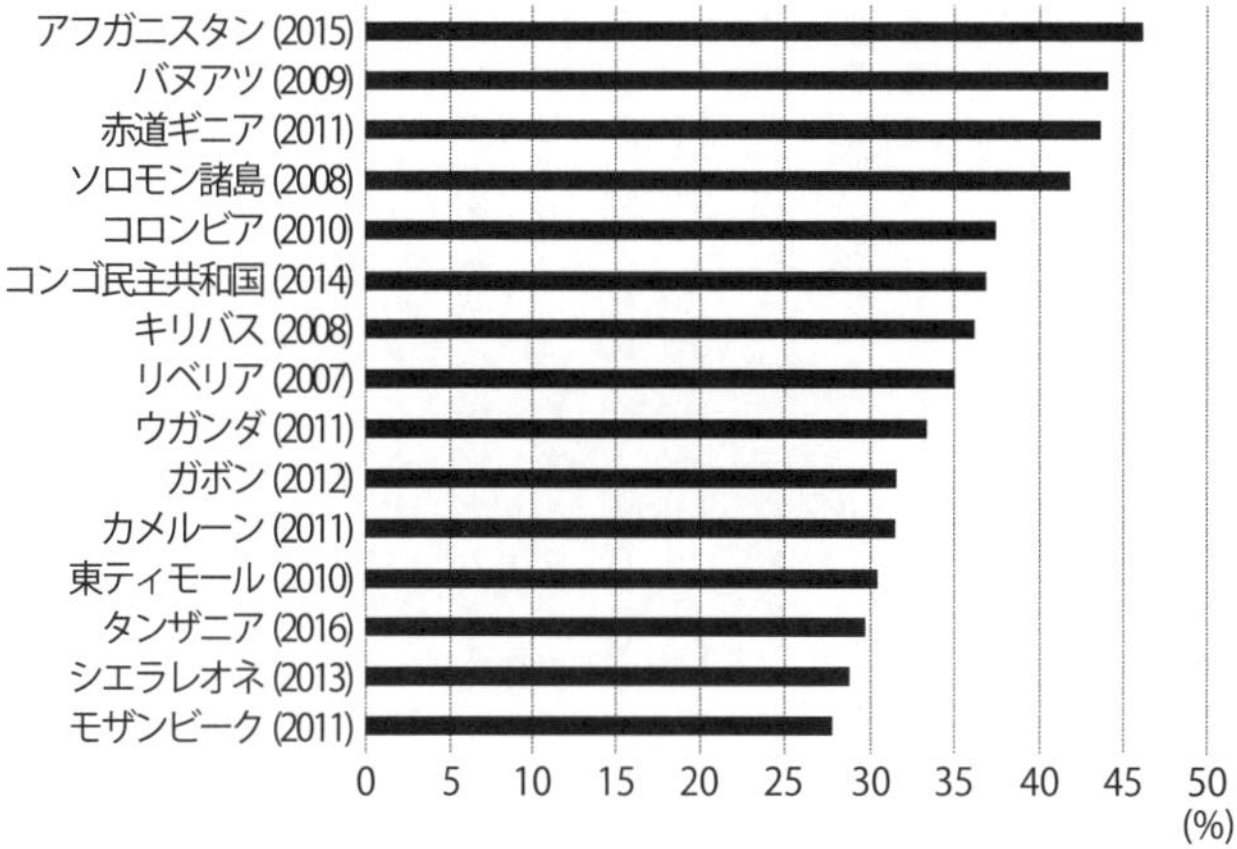

図2―2　過去12ヵ月に暴力を受けた女性の割合　注：15〜49歳の女性に対する調査結果。出所：世界銀行 World Development Indicators. 元データ：United Nations Statistical Division

ロンビア（南米）、コンゴ民主共和国（アフリカ）、キリバス（オセアニア）、リベリア、ウガンダ、ガボン、カメルーン（以上アフリカ）、東ティモール（東アジア）、タンザニア、シエラレオネ、モザンビーク（以上アフリカ）である。一見して、アフリカと太平洋の島国に、女性が暴力にさらされやすい国が多いことが分かる。東ティモールは、インドネシアの島々の中のティモール島の東に位置している。植民地時代にインドネシアがオランダ領だったのに対して、現在の東ティモールは当時ポルトガル領であった。二〇〇二年に独立を果たした比較的新しい国である。これら上位一五ヵ国は、女性の半数から四分の一が、一年の間に暴力を受けた。これはつまりアフガニスタンでは二年に一度、モザンビーク（二七・七％）では四年に一度、すべての女性が暴力を受けるという高い確率を意味している。

　では具体的に、どのような理由で暴力を受けるのであろうか。家庭の外で家族外の人間から暴力を受けるケースとしては、外出時に交通機関利用時に痴漢行為を受ける、武力紛争の際に兵士から暴行される、といったことがあげられる。このような家庭外での性暴力についてのデータ収集はそれほど進んでいないが、家庭内で夫から妻に加えられる暴力の理由については、広くデータが収集されている。以下ではそれらのデータに基づいて、妻が夫からどのような暴力を受けるかを分析してみよう。

　表2―3は、開発途上国の女性に対して広く実施されている「人口・保健調査（DHS）」、「複数指標クラスター調査（MICS）」の結果をまとめたものである。これらの調査においては、調査国それぞれにおいて数千人単位の一五歳から四九歳までの女性が、人口、保健等々の共通の質問を受けて回答している。したがって、調査年は異なっていたとしても各国で比較可能な情報が得られる。共通に設けられている質問の中に「あなたは、あなたが○○してしまった場合に、夫から暴力を振るわれても当然だと思いますか」というものがある。○○に入る行為は五種類あり、それぞれ①夫に口答えする、②性交を拒否する、③料理に失敗する（焦がす）、④夫に無断で外出する、⑤子どもの世話を怠る、である。五つの行為それぞれについて女性が「当然だと思う」、「思わない」を回答する。表2―3は、五つの質問のいずれかに「当然だと思う」と答えた女性の割合を、世界の各地域ごとで、その割合が高い国順に並べている。

表2―3　夫からの暴力を「当然である」と受け容れている女性の割合

	国	調査年	割合		国	調査年	割合
サハラ以南アフリカ	ギニア	2012	92.1	南アジア	ブータン	2010	68.4
	中央アフリカ	2010	79.6		インド	2016	44.6
	南スーダン	2010	78.5		パキスタン	2018	41.1
	マリ	2013	76.3		ネパール	2016	28.5
	ソマリア	2006	75.7		バングラデシュ	2014	28.3
	コンゴ民主共和国	2014	74.8	東アジア	東ティモール	2016	74.0
	チャド	2015	73.5		ラオス	2012	58.2
	エチオピア	2016	63.0		ミャンマー	2016	51.2
	シエラレオネ	2013	62.8		カンボジア	2014	49.8
	ブルンジ	2017	61.8		インドネシア	2012	34.5
	コンゴ共和国	2012	60.7	中央アジア・欧州	タジキスタン	2017	63.6
	ニジェール	2012	59.6		アゼルバイジャン	2006	49.0
	ガンビア	2013	58.4		トルクメニスタン	2006	37.7
	タンザニア	2016	58.0		キルギス	2014	32.8
	エリトリア	2010	51.4		北マケドニア	2011	14.5
中東・北アフリカ	アフガニスタン	2015	80.2	中南米	ハイチ	2017	16.6
	モロッコ	2004	63.9		ボリビア	2008	16.1
	アルジェリア	2013	59.0		スリナム	2010	12.5
	イラク	2011	51.2		ホンジュラス	2012	12.4
	イエメン	2013	48.7		グアテマラ	2015	11.0

出所：世界銀行 World Development Indicator
元データ：Demographic and Health Surveys (DHS), Multiple Indicator Cluster Surveys (MICS) 等

サハラ以南アフリカの国々は全般的に数値が高いので一五ヵ国を表示し、それ以外の地域は、上位五ヵ国を示している。

世界全体で最も高い数値を示したのはギニアで、九二・一%もの高い値である。つまりほとんどの女性が、五つの項目のいずれかは、夫が暴力を振るう十分な理由だと考えている。筆者が驚き、かつ深刻に捉えているのは、この数値が、図2―2の数値が示しているような「暴力が振るわれた実数値」ではなく、それを「当然だ」、「止《や》むを得ない」と諦め、受け容れてしまっている妻の数を示している、ということである。そのように思い込むほどに、夫からの暴力が日常的で、常態化してしまっていることが見て取れる。

ギニアのデータをより詳しく見ていくと、「無断外出」が八三%、「子どもの世話を怠る」が八一%、「夫への口答え」が七八%、「性交を断る」が七〇%、「料理の失敗」が四六%である。表2―3からは、サハラ以南アフリカの一五の国々の女性の半数以上が、前述の理由での夫の暴力を止むを得ないと思ってしまっていることが分かる。他の地域では中東・北アフリカ諸国が高い値を示している。アフガニスタンでは八〇・二%もの高さである。南アジアの国々も総じて夫の暴力の常態化の程度が高い（インドにおける女性への暴力については、被差別カーストに生まれ、盗賊になった後、国会議員となったプーラン・デヴィの自伝[19]を参照いただきたい）。経済成長が著しく、社会が大きく構造変化したと見なされがちな東アジアにおいても、低所得国では妻への暴力が広範囲に見られることも印象的である。中央アジア諸国（タジキスタン、アゼルバイジャン、トルクメニスタン、キルギス）においても高い数値が示されている。反対に、男性優位の度合いが強いと見られがちなラテンアメリカ・カリブ諸国において、夫から妻への暴力の頻度が低いことが示唆されている。

言わずもがなであるが、DHSやMICSの質問では「夫の暴力が当然である（justified）」かどうか、と問いかけられているが、それにイエスと答えたことによって「妻が夫の暴力を悪いと思っていない」ということを意味しているわけではない。むしろ「当然だ」と思うまでに常態化している、と解釈すべきである。開発途上国における男女平等や女性のエンパワーメント（力をつけること）は、教育や保健などのいくつかの側面で進歩を遂げているとはいえ、それでもこのように「喪われた女性」、女性への暴力、といった点で、まだまだ取り組むべき問題が多いといえる。

性的少数者

性的少数者の権利は昨今世界的に重視されつつあるが、開発途上国においては大きな課題として残っている[20]。性的少数者は近年LGBTとも呼ばれ、四つの文字がそれぞれの属性を表している。Lは女性同性愛者（Lesbian）、Gは男性同性愛者（Gay）、Bは両性愛者（Bisexual）、Tは性別越境者（Transgender）の頭文字である。これら性的少数者の権利は近年確立されつつあるが、性的少数者自体は歴史的に存在してきた。例えば南アジアではヒジュラという両性具有の性的少数者が社会的な位置付けを与えられ、宗教儀式などで役割を果たすことがあった。また中国においては去勢された男性宮廷官吏が宦官《かんがん》と呼ばれ、独自の役割を与えられてきた。

現在、同性婚は多くのヨーロッパの国々、カナダ、オーストラリア、ニュージーランド、アルゼンチン、ウルグアイ、コロンビア、ブラジル、台湾、南アフリカなどで合法化されている。一方、同性愛に死罪が規定されている国（イラン、サウジアラビア、スーダン、モーリタニア）があるほか、同性愛が違法とされている国々も多い（マレーシア、バングラデシュ、アフガニスタン、北アフリカの国々、いくつかのサハラ以南アフリカの国々など）。大まかにいえば、イスラム教徒の多い国々で、同性愛に対する許容度が低い傾向が見られる。

2—3　不利な立場の人々——子ども

子どもは大人に比べて健康面において脆弱で、一般に知識・スキル・経験が少ないので、幼少期は教育を受けるべきであり、労働は行う必要があったとしても副次的で健康や教育に悪影響が及ばない程度にとどめておくべきである、という認識が、現在では多くの開発途上国でも共有されてきている。そのため、初等教育就学率は低所得国であっても、男女とも一〇〇%に近づきつつある。一方、困窮家庭において、または戦時下では、前述のような認識が共有されるとは限らない。子どもであっても労働者として、さらには兵士として動員されることがある。

児童労働

誰しも子どものころに親の手伝いはするわけで、それはむしろ子どもでも家庭内で貢献するべきこととして奨励されている。それでは、禁止されるべき児童労働とは何だろうか。国連の国際労働機関（ＩＬＯ）によれば、それは子どもの健康や教育を害するような労働である。ＩＬＯは、年齢と労働の内容という二つの観点から、禁止すべき「児童労働」を定義している。[21]

写真２―３　バングラデシュの幹線道路脇の茶店で店番をしている子ども　７歳程度と見られる（2010年撮影）

第一に、ＩＬＯの「最低年齢条約」（第一三八号）が「就業が認められるための最低年齢」を定めている。具体的には就業の最低年齢を義務教育終了年齢とし、仮に義務教育終了年齢が、一五歳より低く定められている場合には、一五歳を就業の最低年齢（開発途上国の場合は一四歳）としている。この条約の趣旨は、子どもは一五歳まで（あるいは義務教育終了年齢）までは教育に専念させるべきだ、ということである。教育や健康に支障をきたさない程度の家事労働などは、禁止すべき「児童労働」と見なされていない。

第二に、ＩＬＯは「最悪の形態の児童労働条約」（第一八二号）により、一五歳から一七歳の年齢であっても、その「形態」が劣悪であれば、その労働を「児童労働」と見なして禁止している。「最悪の形態」として挙げられているのは、強制労働（人身売買、債務奴隷等）、性産業への従事、違法薬物取引、その他健康・安全・道徳を害する労働である。「健康・安全・道徳を害する労働」の具体例として挙げられるのは、有害物質（硫黄、アスベスト、ベンジン、火薬、殺虫剤、除草剤）を扱う労働、鉱山労働、潜水、長時間労働、である。これら「最悪の形態」の児童労働は危険有害労働とも呼ばれている。

表2―4は、これら二つの観点から定義した児童労働に従事する子どもの数と、同年代の人口に占める割合を示している。この統計によれば、禁止すべき児童労働に従事している子どもの数は、二〇一二年には一億六八〇〇万人であったが、二〇一六年には一億五一六〇万人に減少した。しかし二〇二〇年になると一億六〇〇〇万人に再び増加している。二〇〇〇年から世

表2―4　児童労働に従事する子どもたち

		児童労働に従事する子ども			うち危険有害労働に従事する子ども		
		2012年	2016年	2020年	2012年	2016年	2020年
世界全体	人数（100万人）	168.0	151.6	160.0	85.3	72.5	79.0
	同年代人口比（%）	10.6	9.6	9.6	5.4	4.6	4.7
年齢別 5～14歳	人数（100万人）	120.5	114.5	124.9	37.8	35.4	44.0
	同年代人口比（%）	9.9	9.3	9.6	3.1	2.9	3.6
年齢別 15～17歳	人数（100万人）	47.5	37.1	35.0	47.5	37.1	35.0
	同年代人口比（%）	13.0	10.5	9.5	13.0	10.5	9.5
性別 女	人数（100万人）	68.2	64.1	62.9	30.3	27.8	28.8
	同年代人口比（%）	8.9	8.4	7.8	4.0	3.6	3.6
性別 男	人数（100万人）	99.8	87.5	97.0	55.0	44.8	50.2
	同年代人口比（%）	12.2	10.7	11.2	6.7	5.5	5.8

出所：ILO（2017）および ILO and UNICEF（2021）

界の児童労働は徐々に減ってきていたのであるが、二〇二〇年には世界に新型コロナウィルスが蔓延し、低所得層の暮らし向きが悪くなったことから、児童労働が増加したと考えられている。(22) またＩＬＯ条約第一八二号に定められた危険有害労働に従事する子どもの数も、二〇一二年に八五三〇万人、二〇一六年に七二五〇万人、二〇二〇年に七九〇〇万人と推移している。

同世代の人口に占める児童労働従事者の割合も、二〇〇〇年以降低下してきており、二〇一二年には一〇・六%、二〇一六年には九・六%のように低下が継続したのであるが、二〇二〇年には九・六%と下げ止まっている。危険有害労働に従事する子どもの割合も、同期間に五・四%から、四・六%、四・七%のように推移しており、同様の傾向が見られる。

年代別に見ると、五〜一四歳で児童労働に従事する子どもが二〇二〇年に一億二四九〇万人いると推定されており、この数は同年代の子どもの数の九・六％に当たる。五〜一四歳で危険有害労働に従事している子どもの数は二〇二〇年に四四〇〇万人であり、同年代の人口の三・六％を占める。

一五〜一七歳の児童労働はＩＬＯ条約第一八二号による危険有害労働のみであり、その数は二〇一二年から二〇二〇年にかけて、四七五〇万人、三七一〇万人、三五〇〇万人と減少傾向にあり、同年代の人口に対する割合も、一三・〇％、一〇・五％、九・五％と低下傾向にある。しかし、低下したとは言え、二〇二〇年でもこの年代の九・五％（約一〇人に一人）が危険有害労働に従事しているという事実に驚かされる。

男女別では、二〇二〇年に児童労働に従事する子どもは、女子が六二九〇万人で男子が九七〇〇万人である。女子の児童労働は二〇一二年、二〇一六年、二〇二〇年と継続的に減少傾向にあり、同世代の女子に占める割合も二〇一二年の八・九％から二〇二〇年には七・八％へと低下しているが、男子の児童労働は二〇一六年から二〇二〇年にかけて、絶対数が増加しており、同年代の男子に占める割合も上昇している。

具体的に子どもたちはどのような形で児童労働に従事しているのだろうか。深刻なのは、親と引き離されて働くケースである。親は口減らしのために、または子どもを早く独り立ちさせるためなど、様々な背景から子どもが親元を離れることを容認する。そうすると子どもが働いている場所で酷使や虐待されたとしても、それを知らないでいることになる。例えばバングラデシュでは家事使用人として子どもが他人の家庭で住み込みで働くことがある。(23)子どもたちが休みを取って親元に帰るのは稀《まれ》なので、働くのも住むのも雇用主の住居の中、ということになり、仮に虐待や酷使があったとしても他人の目に触れにくい。雇用主が良心的だったり、あるいは雇用主が使用人である子どもの親戚で、学校に行かせてもらえるケースもあるが、そのような幸運に恵まれるとは限らない。ちなみにバングラデシュではこのほかに、タバコ・マッチ工場、織布工場、縫製工場、建設現場、蓄電池充電・リサイクル、船舶解体などの業種で児童労働がなされていることが報告されている。(24)

インドでは、マッチ工場、カーペット織り、宝飾品加工、綿花の収穫において児童労働に従事する子どもたちがいる。(25)綿花収穫のための児童労働は、中央アジアのウズベキスタンに多いことが問題視されていた。また西アフリカのガーナやコートジボワールなどではカカオの実をナタで割って、チョコレートの原料にするカカオ豆を取り出す危険有害労働に両国の子どもたちのみならず周辺国の子どもたちも動員されているという問題がある。子どもたちは親元を離れるので、虐待や酷使から身を守ることが困難である。日本のNGOのACE（エース）は、ガーナのカカオ畑で児童労働に従事する子どもやその家族の支援を行っている。(26)

児童労働をなくするためにはどのような方法があるだろうか。法律的に禁止したうえで、職を失った子どもたちが学校に行くことを支援するという対策がある。バングラデシュでは、縫製工場から児童労働をなくすため、児童労働を厳格に禁止したうえで、子どもたちに就学を促進する補助金を政府が給付した[27]。また、児童労働を用いて生産される生産物を販売する大企業に働きかけて、その生産工程のすべてから児童労働をなくす取り組みをさせる方法が取られている。例えば日本における主要なチョコレート製造企業として森永《もりなが》製菓があるが、ＡＣＥは森永製菓と協力し、その生産工程のすべて（生産工程のつながりのことを**国際価値連鎖**〔Global Value Chain：ＧＶＣ〕と呼ぶ）から児童労働をなくしている。このように生産工程に人権侵害がないことを証明した商品を購入することを消費者に奨励する運動を**フェア・トレード**と呼ぶ。

児童兵

児童兵は、ＩＬＯ条約第一八二号が定める危険有害労働の最たるものである。子どもが兵士として戦場に駆り出される。女児の場合には兵士として動員されるのみならず、性的虐待を受けたり、兵士の「妻」としての役割が強要されたりする場合がある。二〇一八年にノーベル平和賞を受賞したナディア・ムラドは、二〇一四年に、イラクにおけるヤズィディ教徒という宗教的少数者として過激派組織「イスラム国」に誘拐され、性的虐待を受けて監禁された。誘拐された際には二一歳だったので児童とは呼べないものの、当時同様の誘拐や性的暴行、殺人が宗教的少数者に対してなされていたことをムラドは糾弾し続けている[28]。

一般に児童兵は、洗脳しやすく、命令者のいうことを従順に聞く兵力として、残虐行為に駆り出されることがある。[29] 過去には一九七五年から一九七八年までカンボジアを支配したポル・ポト政権（「赤いクメール」とも呼ばれた）が児童兵を密告や残虐刑の執行者として利用した例が知られている。[30] 中国人映画監督の陳凱歌《チェンカイコー》も、自身が一九六六年に始まる文化大革命の中で、一四歳の紅衛兵として「毛沢東《もうたくとう》主席の良い子どもになる」ことに専心し、自分の父親にさえ制裁を加えたことを告白している。[31]

一九九〇年代から今世紀にかけて、最もショッキングな児童兵の事例として、報道や記述が重ねられてきたのは、一九九〇年代、西アフリカのシエラレオネとリベリアのケースではないかと筆者は考えている。ジャーナリストの松本仁一《まつもとじんいち》は、シエラレオネにおいて「カラシニコフ」と呼ばれる自動小銃を用いて三人の男性を殺害した、当時一五歳の女性をインタビューしている。[32] この少女は襲撃した兵士たちによって性的虐待を受けたのみならず、その部隊に同行させられて隊長の「妻」の役割をさせられた。さらに悲惨なのは、二〇〇二年に和平が実現し、武装解除がなされた後でも、和解によって免罪された同じ隊長から関係を強要され続けたことである。紛争の非人道性が、和平後も容易には解消せずに残存してしまう一例を示している。

推定では、リベリア内戦での児童兵の数は一万五〇〇〇〜二万人、シエラレオネ内戦での児童兵の数は五四〇〇人とされている。[33] これらの子どもたちは、しばしば薬物を飲まされて興奮状態のまま戦闘の最前線に配置されたり、洗脳するために親まで自らの手で殺させられたりして、利用する側にとって使い勝手のいい手駒として、極度の人権侵害の犠牲となってしまった。彼らの代弁者として、アマドゥ・クルマという、これらの国の隣国ギニア生まれの作家が、ある児童兵の半生を小説にしている。(34) 一〇〜一二歳で孤児となった主人公が、生きるために兵士になることに憧れてゲリラの部隊に入り、数々の残虐行為を目にしたり、実行する側に回ったりする様が描かれている。紛争地で生きてきた作家が、周囲で見聞きし体験した悲劇の数々を、一人の子どもに投影して、リベリアやシエラレオネの児童兵の姿を示したものである。

ここで強調したいのは、現在のアフガニスタン、シリア（中東）やリビア（北アフリカ）や南スーダン（サハラ以南アフリカ）で起こっている紛争でも、かなりの児童兵や少女兵がいるはずであるにもかかわらず、彼らについては我々がまだ、リベリアやシエラレオネの児童兵に対して語られたような情報を得ていない、ということである。リベリアやシエラレオネ紛争についてては、クルマなどが児童兵の代弁者として声を上げたから我々はこの地域の児童兵について知ることができた。それ以外の地域には児童兵がいないのではなく、それは単に知られていないだけで今も紛争地で多くの子どもが児童兵にさせられて非人道的な扱いを受けている、と考えるべきである。

児童兵は、指導者によって洗脳され、人を殺《あや》めることが正しいと思い込まされ、罪悪感やショックも抑圧し、ときには薬物依存にさせられる。紛争が終わって平和になっても、同年代の子どもの精神状態にすぐに戻れるわけではない。仕事の面でも、兵士としての経験しかない場合には、簡単に職に就くことができない。武装解除の後、精神面でのリハビリテーションや教育、職業訓練が必要とされる。(35)

2―4　不利な立場の人々――難民

人々は様々な理由で、普段の住処《すみか》を追われることがある。居住地に留まると「迫害」を受ける恐れがあることから、その地を離れる人を**難民**（refugee）と呼ぶ。難民は一九五一年に採択された**国連難民条約**によって、同条約に加盟している国においては保護の対象となる。しかし「迫害」の意味には狭義と広義がある。狭義では、それまで居住していた国に送還されると、宗教や政治的信条等の理由で暴力を加えられることが「迫害」の意味である。広義の「迫害」には、個人の信条等によらず、ある地域が戦争や内戦による暴力に見舞われることによって身に危険が生じることが含まれる。一方、災害からの避難民は、難民とは認められない。彼らに人道的支援が与えられたとしても、それは難民としてではなく、被災者として支援されるのである。

狭義の迫害を受ける恐れがあるかどうかは、しばしば受入国において争点になる。難民認定をするということは、受入国が当人の最低限の生活を保障することを意味するので、日本をはじめ、難民認定に及び腰になる国も多い。さらには、迫害と呼ばれるに値する暴力を受けているが、国外に逃れるに至らず、国内に留まっているがゆえに難民と認められない人々もいる。彼らは**国内避難民**と呼ばれ、注目はされているものの、難民のように、その存在を定義し、保護の概念を定めた国際条約はまだない(36)。

シリア難民

二〇一〇年、北アフリカのチュニジアに端を発した「アラブの春」と呼ばれる民主化運動は中東・北アフリカに広がった。シリアにおいても二〇一一年に反政府運動が高まりを見せ、アサド大統領はこれを力で抑え込もうとした。またシリアのアサド政権や、その東の隣国イラクの政権もイスラム教徒の中でもシーア派が中心となっており、イラクのそのまた東の大国であるイランがシーア派の盟主であることから、シリア、イラク、イランの一帯がシーア派に統治されていた。一方のイスラム教徒のスンニ派はこの状況に危機感を持っており、その中の一部の過激派は「イスラム国」と称する国家樹立を目指した。このようにアサド政権、反政府勢力、「イスラム国」等が対立し、シリアは内戦に陥った。

この過程で多くの一般市民が被災し、国内避難民となった。その中で国外脱出に成功した人々は、難民としての保護を求めた。二〇一五年ごろにはシリアからトルコなどを経由して、ヨーロッパに移動しようとするシリア難民が急増し、世界の注目を集めた。移動が自由なEUに入るため、最前線の一つであるギリシャにトルコから船で密航しようとする人々の中には、おぼれて命を落とす人々も数多かったので、それ自体が大きな人道問題と捉えられた。国外に逃れたシリア難民は二〇二一年末で約六八〇万人、国外に逃れることができず国内で避難生活を送っている国内避難民も約六七〇〇万人いると推計されている（後掲の表２―５を参照）。

ロヒンギャ難民

ロヒンギャは、ミャンマー西部のラカイン州に住むイスラム教徒を指す。イスラム教徒は、七世紀にイスラム教が誕生して以来、中東から世界に広まり、一六世紀にはインドにムガル帝国を成立させる。その後、一七世紀に設立されたイギリス東インド会社がインドで支配を広げ、一八五八年にはイギリスがインドを植民地化し、一八八六年にはミャンマーも植民地化する。これら一連の長い動乱の中で、イスラム教徒は商業等の目的で仏教徒の多いミャンマーにも移り住むようになった。これによって二〇世紀初めにはラカイン州北部に、仏教徒とイスラム教徒が併存する状況になっていた。そこに太平洋戦争で日本軍がミャンマー側から現在のバングラデシュが位置する英領インド東側に攻め込み、イギリス軍と戦闘を行った。その際、日本軍はミャンマー側の仏教徒を兵士として動員し、イギリス軍もイスラム教徒を動員して戦わせた。それによって戦後も、この地域の仏教徒コミュニティとイスラム教徒コミュニティに大きな亀裂が生じることとなった(37)。

このような歴史的経緯からラカイン地域の仏教徒とイスラム教徒には根深い緊張関係があり、

一九七八年、一九九一年に、それぞれ二〇万人単位の難民がバングラデシュに流出した[38]。そして二〇一七年八月、ロヒンギャの武装グループがラカイン州の警察や軍を襲撃したことをきっかけにミャンマー国軍がロヒンギャ居住地域で大規模な掃討を行った。その際、村の焼き討ちや性的虐待などの残虐行為があったとされている。その結果、一〇〇万人を超える難民がバングラデシュに流出することとなった。

難民たちはバングラデシュ側の難民キャンプなどで生活することを余儀なくされており、恒久的な解決法として、二〇一八年一二月、彼らの元々の居住地域への自主帰還が計画された。しかし誰一人としてこの自主帰還の呼びかけに応じず、二〇二二年現在でも恒久的な解決には至っていない。

世界の難民と国内避難民

二〇二一年末の時点で、世界では二五七〇万人もの人々が難民として迫害から逃れている。表2―5は、難民の送出、受入、そして国内避難民の人数に関する、それぞれ上位一〇ヵ国をリストにしたものである。最も左側の欄は、発生した難民の多い国、上位一〇ヵ国である。前述のシリアからの難民約六八〇万人が、二〇二一年末に世界のどこかで受け入れられていたことを示している。次に多いのはベネズエラである。ベネズエラでは強権的なマドゥロ政権下で、国民の国外脱出が続いている[39]。

表2―5　難民流出・流入および国内避難民発生の上位10ヵ国（2021年末）

難民流出（100万人）		難民流入（100万人）		国内避難民（100万人）	
シリア	6.8	トルコ	3.8	シリア	6.7
ベネズエラ	4.6	コロンビア	1.8	コンゴ民主共和国	5.3
アフガニスタン	2.7	ウガンダ	1.5	コロンビア	5.2
南スーダン	2.4	パキスタン	1.5	アフガニスタン	4.3
ミャンマー	1.2	ドイツ	1.3	イエメン	4.3
コンゴ民主共和国	0.9	スーダン	1.1	エチオピア	3.6
スーダン	0.8	バングラデシュ	0.9	ナイジェリア	3.2
ソマリア	0.8	レバノン	0.8	スーダン	3.2
中央アフリカ	0.7	エチオピア	0.8	ソマリア	3.0
エリトリア	0.5	イラン	0.8	ブルキナファソ	1.6
世界計	25.7	世界計	25.7	世界計	53.2

出所：UNHCR (2022a), Internal Displacement Monitoring Centre (2022)

三番目に難民流出が多いのはアフガニスタンである。この国は、二〇〇一年に起こった九・一一として知られるアメリカ同時多発テロの「自衛のため」という理由で、アメリカ軍等に攻撃を受けた。その際に崩壊したタリバン政権の勢力がその後も大きな影響力を維持し、治安が悪化していた。そのような状況下で、日本のNGO「ペシャワール会」の中村哲《なかむらてつ》医師らが二〇一九年に殺害されたことは記憶に新しい。二〇二一年八月にはそれまで治安維持にも当たっていた米軍が完全撤退し、その直後にタリバン勢力が政権を奪還した。これらの過程において、二七〇万もの人々が難民として流出している。

　このほか、前述のロヒンギャ難民が流出しているミャンマーを除くと、残りの難民流出上位六ヵ国はすべてサハラ以南アフリカの国々である。

表2―5の中央の欄は難民の受入国上位一〇ヵ国とその受入難民数を示している。シリアの隣国トルコが難民約三八〇万人を受け入れていることが分かる。コロンビアはベネズエラ難民の主要受入国である。このように難民流出国の近隣の国が難民流入国になりやすいことが分かる。その中にあって、ドイツが一三〇万人もの難民を受け入れていることが特筆される。

最後に同表の最も右側の欄は、国内避難民発生数の上位一〇ヵ国を示している。大勢の難民が流出している国では、国内避難民も多い傾向にある。コンゴ民主共和国、イエメンにおいて紛争が続いていることは先述の通りである。コロンビアでは五〇年以上にわたる内戦のため、住まいを追われ居留地で暮らす人々が約五二〇万人に上る。それ以外の国々も国内に紛争を抱えている。

表2―5は二〇二一年末時点での世界各地での難民数を示しているので、二〇二二年二月以降に生じた、ロシアによるウクライナ侵攻の結果としての難民流出や国内避難民発生が反映されていない。本書執筆中の二〇二二年八月末時点では、ウクライナからの難民流出が約七〇〇万人、国内避難民もほぼ同数の六九八万人と報告されている。(40)

2―5　不利な立場の人々――障害者

障害者は先進国であっても長い間、権利を享受したり、能力を十分発揮したりしにくい社会環境に置かれてきた。近年、障害者を取り巻く社会の側が社会的障壁を取り除くこと（これを合理的配慮と呼ぶ）で、障害者が権利を行使したり、能力を発揮したりしやすい環境を整える試みが、先進国でも開発途上国でも広がっている。

障害者の貧困

一般に障害者は、非障害者より経済的に不利な立場に置かれる傾向が高い。世界保健機関（WHO）は、二〇〇二〜二〇〇四年に世界七〇ヵ国で数百人から数万人に対して対面調査を行い、その結果を『世界保健調査』としてまとめている。[41] この調査結果によれば、各国で所得階層の下位二〇%の人々が障害を持っている比率は二〇・七%であるのに対して、上位二〇%の富裕層が障害を持っている比率は一一・〇%であった。その他の階層も、所得が上がるにつれて障害者比率が下がるという傾向を示している。また世界各国での実証分析の結果は、障害者が非障害者より、所得、雇用機会、教育の面で不利に直面していることを物語っている。[42] 例えばフィルマーは、一九九〇年代から二〇〇〇年代に実施された、開発途上国一三ヵ国の個人調査をもとにして、成人については、障害を持っていることと、所得下位四〇%に属していることとの相関が高いことを見出《みいだ》している。さらに若年層に関しては一三ヵ国中一二ヵ国において、障害児の就学比率が非障害児より低い、と統計的に結論付けている。[43] さらにノルウェー産業科学技術研究所（SINTEF）は南部アフリカ、東アフリカにおいて、障害者のいる家族といない家族の比較研究を行った。この結果によれば、ザンビア、ジンバブエ、ナミビア、マラウイにおいて、障害者のほうが失業率が高く、電話やラジオ、新聞、テレビを利用している割合が低いことが報告されている(44)。筆者が加わったフィリピンのマニラ首都圏における障害者調査の結果も、二〇〇六年のマニラ首都圏の貧困人口比率が一〇・四％だったのに対して、二〇〇八年に同圏内の障害者四〇三人に対する貧困人口比率は四〇・八％にも上ったことを示している(45)。

フィリピンで出会った障害者たち

筆者は、フィリピンのマニラ首都圏（二〇〇八年）、バタンガス州ロザリオ市（二〇一〇年）、セブ州マンダウェ市とサン・レミジオ町（二〇一六年）において障害者の生計調査に参加した(46)。その中で出会った障害者には、会社を経営したり、専門職に就いたりすることで経済的に豊かな人もいた。また、障害者の自助団体を組織し、彼らのリーダーとして志高く立ち働いている人もいた。一方で、障害のために生活苦の状態にある人や、無収入で家族に依存して生活するしかないと考えている人もいた。以下では、ある視覚障害者の事例を紹介したい。

二〇〇八年にマニラ首都圏のパシグ市で筆者がインタビューしたAさんは、当時五五歳だったが、四三歳のときに網膜疾患となり失明した。それまでは電気・塗装関係の工事現場で働いていたが、失明によって職を失い、家族も離れていった。しばらくは路上で電子オルガンの演奏や歌で金銭を得て暮らしていたが、それも警官に立ち退《の》かされることとなり、全く無収入となった。住居はフィリピンとドイツのNGOの贈与によって無償で得た。やはり全盲の女性（子連れ）と暮らすようになり、二人で一〇キロほど離れた大通りで物乞いをしている。夫婦はそこで「私は目が見えません。子どもを養うために物乞いをしています。」と書いた紙を首から下げて、物乞いをする。一日の稼ぎは一五〇～二五〇ペソ（約三五〇～約六〇〇円）である。しかしそれさえしばしば警察に邪魔されるので、週に三日できればいいほうである。A氏はこの話を物静かな口調で語ってくれた。A氏の場合には、障害がそれまでの経済機会を奪い、社会のセーフティーネット（社会保障）から零《こぼ》れ落ちることによって、貧困な生活を余儀なくされている。

筆者らのフィリピンでの調査によれば、多くの肢体不自由障害者や視覚障害者は、家の外に出て働くきっかけや自信、そして安全で効率的に移動するノウハウを持っていなかった。また多くの聴覚障害者は、音声によるコミュニケーションが困難なことから、教育機会が十分に得られない傾向にあった。しかしそういった困難は、先進国の障害者も経験してきたことであり、困難を超えて障害者が地域社会の中で、自分の生活のことを自分で決定することを重視した**自立生活運動**が一九六〇年代にアメリカで始まっている。[47] そしてこの運動は現在、開発途上国の障害者の間にも広がっている。[48] 二〇〇六年に国連総会で採択された**障害者の権利に関する条約**

を多くの開発途上国が批准しており、この条約に沿った国内法制度が整えられつつある。そういった努力によって障害者を取り巻く社会的障壁を下げ、障害者の自己決定による生活を支えていくことが、社会の側に求められている。

2—6　新ミレニアムの貧困削減——機会・エンパワメント・安全保障

本章ではこれまで、前世紀から今世紀にかけて、世界の多くの人々の生活水準が向上し、貧困者数や貧困の度合いは全体的に低下したものの、「不利な立場に置かれている人々」がカテゴリーごとに存在し、それらの人々の貧困や人権侵害が問題とされていることを示してきた。これはガルブレイスが一九五〇年代のアメリカにおける貧困を「島の貧困」と表現した状況に類似している[49]。当時のアメリカも、全体的には人々の生活が豊かになっていたが、黒人の多い居住区（ガルブレイスが「島」と表現した）では、貧困が問題として残っていた。

この章の締《し》め括《くく》りに当たり、これらの貧困層は、どのような政策によって貧困から抜け出しうるのかを考えたい。それらの貧困削減政策は、表2—6にまとめられているように、経済機会の創出、エンパワメント、安全保障の三つである[50]。

経済機会の創出

表２―６　３つの貧困削減対策

貧困対策の種類	内容	特徴
経済機会（opportunity）の創出	雇用機会・起業機会の創出	労働需要喚起
エンパワメント（empowerment）	能力開発（教育・保健）	労働供給能力の向上
安全保障（security）	リスクの緩和と適応	リスクの予防と事後対策

注：世界銀行『世界開発報告2000/2001』における貧困対策をまとめたもの

経済機会創出の具体例は、雇用を増やすことや起業をしやすくすることである。例えば貧困層が労働者だったとすれば、雇用機会の増加によって失業から脱することができたり、より高賃金で好条件の職場や職種に移ることが可能になる。また貧困層が自分で商売することを考えている場合には、景気が良くなって周囲の人々の所得が上がれば、財布のひもが緩んで商品が売れ、利潤を上げやすくなる。貧困層が起業する、自分で商売するといっても具体的にイメージしにくいかもしれないが、バングラデシュで貧困層が商売を行う例を挙げれば、庶民の交通手段であるリキシャ（写真２―４）やオート三輪の運転手、道端の食べ物屋の主人、機械の修理屋、床屋、雑貨屋、服の仕立屋、運送屋、家具屋、大工、精米工場、製麺工場、機織《はたおり》、といったような製造業や商業、サービス業である。農林水産業の経営者も含まれる。貧困層は、自分で商売をしてみたり、他人に雇われてみたり、何であれ儲《もう》かることを探して収入を上げようと試みる。(51)

雇用機会や起業機会を増やす政策として挙げられるのは、マクロ経済全体の景気浮揚策である。具体的には、①政府が自ら支出や雇

写真２―４　リキシャ引き　バングラデシュ・ダッカ（2009年撮影）

用を増やすこと、②中央銀行が公定歩合と呼ばれる貸出利子率を下げることによって一般の金利を低めに誘導し、民間企業の借入コストを下げて、民間企業の設備投資を促進すること、③政府が中央銀行への借入を増やして通貨供給量を増やし、インフレ期待（近い将来、物価が上がること）を高めることによって、企業の収益見込みを改善し、設備投資を促進すること、が景気浮揚策の代表例である。いずれも、労働市場に対しては労働需要増をもたらし、貧困層の雇用機会を増やしたり、賃金を上げたりする形で貧困削減に資する。

このほか、貧困層にターゲットを絞り、政府が貧困層を雇用するプログラムで、**ワークフェア**（workfare）と呼ばれる政策もある。ワークフェアは特にインドで長い歴史があり、雇用保障制度と称している。しかしワークフェアは不景気や作物が不作の際の一時的な雇用機会創出政策として用いられることが多く、長期の雇用機会を与えられるわけではない(52)。

エンパワメント

次に、エンパワメントを指向する貧困削減政策は、貧困層の労働供給や生産能力を拡大することを目的とする。エンパワメント（empowerment）は、エン＋パワー＋メントの三つの要素からなっている。パワーは力であり、エンはパワーと結び付いてエンパワーという動詞（力づける）を構成する役割を果たす接頭辞である。最後にメントはエンパワーを名詞（力づけること）にする機能を果たしている。貧困層が自らをエンパワーするためには、一般に費用や時間がかかる。それらをかけたことによって自らの労働者・経営者としての価値を高め、その効果が時間を経ても続くことから、エンパワメントは投資活動と解釈することができる。この投資を**人的投資**と呼び、人的投資によって蓄積された能力を**人的資本**と呼ぶ。

人的投資の具体例としては、貧困層に教育や訓練を施したり、または彼らの健康水準を上げたりすることで、彼らの生産性を上昇させることが挙げられる。それを交渉力の源として、貧困層はより高い賃金や、望ましい労働条件、そしてさらなる能力の向上を見込むことのできる職を得る展望が開ける。

開発途上国全体において初等教育就学率はかなりの改善を示している。世界全体の初等教育就学率（学齢児童数に対する初等教育就学者の割合）は、二〇二〇年には一〇二・四％に達している（一〇〇％を超えるのは、日本でいえば六〜一二歳の初等教育の学齢を超える年齢層の子どもも小学校に在籍しているため）。最も低いサハラ以南アフリカでも、九九・七％という高さである。したがって今や教育の課題は初等教育就学率ではなく、初等教育の内容や中等教育、高等教育、職業教育などに向けられている。(53)

世界のどこであれ、一般に初等教育は公的機関によって提供されることが多い。開発途上国の低所得地域においては、政府や地方自治体の財政が豊かではないので、教員の数が少なかったり、それらの教員への給与が低いために教員が副業をしていたり、教員が欠勤しがちだったりする。(54)また同じ理由から、学校の設備が貧弱だったり、教科書の数が不十分だったりすることから、教育の質が大きな課題となる。さらに、児童労働の節で述べたように、教育を得ることによって将来所得が上がる展望を親も子どもも見出せないと、初等教育を修了しなかったり、中等教育に進まないで、若いうちに労働に従事したりすることを選ぶこともある。

また、労働者の生産性を高める取り組みとしては職業訓練がある。(55)労働者の技能には、多くの企業で共通に有用な一般技能と、ある企業のみで有用な企業特殊技能がある。一般技能は労働者が転職しても有用なので、一般技能の蓄積のために企業は投資せず、労働者自らが投資しなければならない場合が多い。一方企業特殊技能は、労働者が転職すると価値がなくなるので、労働者には自ら投資する誘因がなく、企業が投資することになる。[56] 訓練には、業務を離れて、企業内の訓練施設や組織外の職業訓練施設で行うものだけでなく、通常業務を行いながら、反復作業や見よう見まねでスキルを高めるものがある。後者のような熟練形成を**オン・ザ・ジョブ・トレーニング**と呼ぶ。

保健については、二〇一九年末から世界に広がった新型コロナウイルスによって、その重要性が再認識された。感染症は、多くの人々の生産性を同時に引き下げる潜在力を持っている。感染症の中には病原体（ウイルス、細菌等）や感染媒体（蚊等）の特性から熱帯で広がりやすいものがある。熱帯には低所得国が多いことから製薬会社はそれらの感染症向けの医薬品開発には及び腰である。そこでこれら医薬品開発が遅れている感染症は「**顧みられない熱帯病**（**Neglected Tropical Diseases：ＮＴＤｓ**）」と総称されている。[57] またマラリアもＮＴＤｓと同様に感染のほとんどが熱帯で起こっており、感染者のほとんどが熱帯の人々である。マラリアは、乳幼児や妊産婦が感染した場合の死亡率は高いが、成人が感染しても死亡率はそれほど高くないという性質を持っている。しかしアフリカでは感染者数は多く、毎年新規に五人に一人がマラリアに感染する。[58] そしてマラリアが発症すると、周期的な発熱により就労が妨げられる。このように感染症は、開発途上国の人々の労働者としての生産性を大きく引き下げることがある。

そもそも栄養状態が悪いと、労働効率が下がりやすくなる。また、病気にもかかりやすくなり、発育にも支障が出るといったように、間接的に労働効率を下げる効果を持っている。したがって十分な栄養摂取も、エンパワメントの重要な要素といえる[59]。

教育や保健を含む人間の生活全体の豊かさは**人間開発**と呼ばれ、国際開発の達成目標の一つとして重視されている[60]。

安全保障

安全保障と聞くと武力に対する防衛を想起する人が多いであろうが、貧困削減の文脈で用いられる「安全保障（security）」は、あらゆる危険（リスク）への対処を意味している。「**人間の安全保障**（human security）」という概念が、人々の「欠乏からの自由」と「恐怖からの自由」を目指す理想として創造され、特に開発途上国において追求されている[61]。

開発途上国の貧困層は、先進国の人々よりも多くのリスクに直面している。まず生活環境の中で、寄生虫や細菌、ウイルスといった病原体が多い。そしてそれらの感染を防ぐための準備が不足している。したがって感染症にかかりやすい。また、安全基準の緩い職場で働いたり、中古の乗り物に乗ったりしているので、事故に遭いやすい。テロリズムや暴力への備えが弱く、警察機構も脆弱なので、犯罪に遭いやすい。それから農業生産に対するリスクも大きい。干ばつで水が不足する、大雨や大風、洪水で作物が傷めつけられる、虫害で作物が食い荒らされる、

写真2─5　洪水被害のために支援米を運び込む人々　バングラデシュ・クリグラム県（2012年撮影）

といったリスクである。二〇一九年八月から二〇二〇年一月にかけて、スーダン、エリトリア、エチオピア、ソマリア、ケニアといった東アフリカの国々を二〇〇〇億匹ものバッタが襲った。これらの地域の粟《あわ》やトウモロコシが食い荒らされた結果、約一二〇〇万人が食糧危機の状態に陥った。(62) このように、リスクが顕在化することによって生活水準が急激に低下して陥る貧困を**一時的貧困**（transient poverty）と呼ぶ。**慢性的貧困**（chronic poverty）は、リスクの顕在化の有無にかかわらず、所得水準が貧困線を下回っている状態であるのに対して、一時的貧困とは、リスクが顕在化しなければ所得が貧困線を上回るが、リスクが実際に実現してしまうことによって所得が一時的に貧困線を下回ってしまうような貧困である。

一時的貧困への対策は、慢性的貧困への対策とは異なる。慢性的貧困への対策は、経済機会の創出、エンパワメントで対処できるが、一時的貧困には食料等の生活必需品の緊急支援や生活再建のための損害保険、健康保険、生活保護、失業手当等が必要である。このようにリスクが発生してしまった後に、被害を緩和したり、元の状態に戻すための対処法を総称して**セーフティーネット**（safety net）と呼ぶ。リスクへの対処が網のように整備されているイメージである。

開発途上国においてはセーフティーネットも脆弱である。健康保険制度、年金、生活保護、労働災害保険、失業保険といった社会保障制度の整備が遅れている。救急施設、災害救助設備にも、一般に大きな課題がある。さらに災害予防、感染症予防といった、リスクが実際に起きる前に、その発生確率を低下させたり、被害を小さいものに食い止める予防措置も不十分なことが多い。したがって、リスクが実際に現実のものとなる前に制度整備を行うのではなく、リスクが顕在化してから事後的に対処することになる。災害や感染症が発生すると、早急に多額の支援が必要となるので、国際機関や外国の支援が必要となることが多い。

本章では、開発途上国の貧困の多様な側面に光を当て、貧困削減の成果と、今なお課題として残る貧困の実状について見てきた。本章の冒頭で示した世界全体の貧困削減は、開発途上国自身の経済成長と技術革新（イノベーション）によって推進されてきたのである。そこで次章では、開発途上国の経済成長とイノベーションを取り上げ、開発途上国がこれまで成し遂げてきたことを振り返ってみよう。

第3章　より豊かになるために——経済成長とイノベーションのメカニズム

何らかの理由で一時的に低所得に陥った人々がいたとして、それらの人々の生活水準を数日のうちに一気に上げて貧困から抜け出させるためには、所得移転や緊急支援が有効である。しかし多くの人々の生活水準を長期的かつ継続的に上げるためには、政府や国際社会、NGOなどの支援に依存するのではなく、それらの人々の多くが自ら生産活動に従事し、そのことで所得を上げる必要がある。経済を構成する人々が生産水準を継続的に高めていくことを経済成長と呼ぶ。本章では、開発途上国の経済成長や技術進歩の実績やメカニズム、課題を分析する。なかでも、開発途上国の人々の生活や経済活動、保健に強く影響を与える技術革新（イノベーション）のメカニズムについて議論する。

3―1　経済成長の実績――アフリカの高成長国

経済の幾何級数的拡大

第1章で述べたように、かつては従属論に基づいて、「先進国の成長は、常に開発途上国の犠牲のうえに成り立っているのであり、先進国が成長する以上、開発途上国に発展の見込みはない」と考えられていた。しかしその認識は、第二次世界大戦後の韓国、台湾、香港、シンガポールの経済成長や、二〇世紀後半のタイ、マレーシア、中国などの経済発展により、過去のものとなっている。植民地支配が、旧植民地の犠牲のもとに旧宗主国を利するものであったことに間違いはない。しかし、それがゆえに先発国と後発国が共に発展する可能性はない、と断ずるのは短絡的だったといえよう。

図3―1は、二〇世紀の先発国としてアメリカを位置付け、それ以外の後発国がそれにどのようにして追いつこうとしているかを示している。この図に用いた指標は、二〇一一年の世界の各商品・サービスの価格を用いて、異なった国々の異なった時点の購買力を比較可能にした一人当たり国内総生産（GDP）である。つまりそれぞれの国のインフレ率や各国間の物価の違いが調整されている。この指標によればアメリカは、一九五〇年の一人当たり年間所得が二〇一一年価格で一万四五七二米ドルであった。そして二〇一七年に同じ指標は五万六一五三米

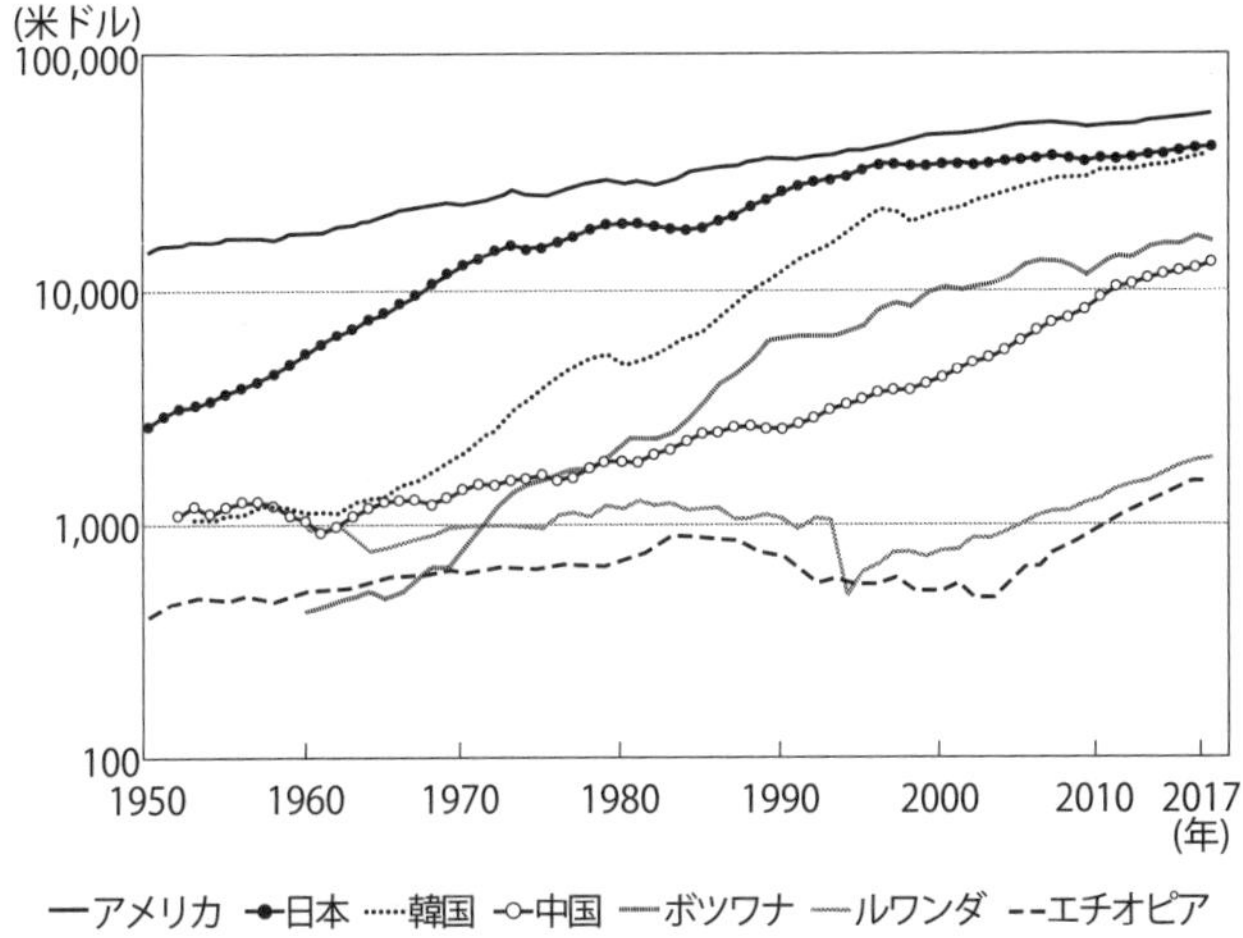

図３―１　一人当たり実質 GDP の推移（単位：米ドル） 注：世界各国の品目の物価を調整し、各国・各年の実質所得が真の購買力を反映するように推計した国民総支出指標である。2011年の米ドルを基準単位としている。図の縦軸は対数目盛を採用している。一人当たり所得が「10の何乗か」を計算し、その「何乗か」の値をグラフにしている。つまり100ドルは「10の２乗ドル」、1,000ドルは「10の３乗ドル」といった具合である。データ：Penn World Table, Version 9.1（https://www.rug.nl/ggdc/productivity/ pwt/）。データの詳細については、参考文献の Feenstra et al.（2015）を参照

ドル（一ドル＝一一〇円というレートを適用すると、日本円で約六一八万円）まで増加している。この間の成長率は年平均で約二・一％である。

図３―１の縦軸には対数目盛が用いられている。対数は、例えば感染症の拡大のように、倍々に増える幾何級数を表現するのに適している。幾何級数とはいわゆる「ネズミ算式に増える」ような変数である。経済成長はまさに経済活動がネズミ算式に拡大する様を指しているので、経済成長を観察するには対数軸が適している。例えばアメリカの一人当たりＧＤＰは一九

五〇年から二〇一七年まで、ほぼ直線的に増加しているが、これはアメリカ経済が毎年ほぼ二%ずつ成長してきたことを示している。[1] これに対して日本の一人当たりGDPは、戦後五年しか経《た》っていない一九五〇年には二六二〇ドルに過ぎなかったが、高度成長期の一九五〇〜六〇年代の二〇年間では年間約八・〇%の高率で成長し、急速にアメリカに追いついていったことが分かる（図3―1の各曲線の傾き（$\frac{d\ln x}{dt}$）が、成長率を表している）。しかしその後、二〇〇〇年以降はむしろアメリカと日本の差が拡大しているように見える。同様に韓国は、一九六五年から、アジア通貨危機直前の一九九六年までは約八・七%で成長し、日本をも追い上げている。さらには中国の一人当たりGDPも一九九〇年から二〇一七年まで、年平均約六・五%の率で成長し、アメリカや日本、韓国に接近していることが分かる。

後発国のキャッチアップ

一方、今世紀に入るとアフリカの国々のいくつかが急速に経済成長している。図3―1には、ボツワナとルワンダ、エチオピアの一人当たり所得の推移が描かれている。購買力を反映したボツワナの実質一人当たり所得は、一九七六年に中国を追い抜き、現在に至るまで中国より高い水準にある。ボツワナの国債の格付けが日本の国債の格付けをしばしば上回るほど、ボツワナのマクロ経済状況は投資家から高く評価されている。それはボツワナがダイヤモンド資源に恵まれていることに加え、この国のリーダーたちがダイヤモンド採掘から得られた収入を財政基盤の強化や公共サービスの供給に用いたことが理由であると考えられている。[2] アフリカのいくつかの国々において、資源採掘から得た収入が紛争のための資金源とされたのとは対照的である。

ボツワナに加え、ルワンダとエチオピアも近年経済成長が著しいアフリカの国々として知られている。ルワンダは一九九四年に、一〇〇日間で五〇万人以上が殺害されたとされる大虐殺を経験した。図３─１においてもこの事件が一人当たりＧＤＰを大きく低下させたことが見て取れる。しかしそれ以降、ＩＴ産業の誘致に成功し、急成長を遂げている。

エチオピアも二〇〇三年から二〇一七年まで右肩上がりで経済成長しており、この一五年間の平均一人当たり経済成長率は八・五％もの高率を記録している。エチオピアは衣類や靴など軽工業品の生産や輸出に成功している。二〇一三年四月にバングラデシュのラナ・プラザというビルが崩落し、入居していた五つの縫製工場などで働いていた労働者ら一〇〇〇人以上が犠牲になるという事件があった。この頃バングラデシュは世界で中国に次ぐ第二位の衣類輸出国だったのだが、世界の衣類売り上げのトップを争っているスウェーデンのアパレルメーカーＨ＆Ｍは同年八月、バングラデシュの労働条件や工場の建築基準に懸念を持ち、エチオピアにも衣類を発注することを発表した。[3] それ以来エチオピアには中国、韓国、インドなどが縫製工場を設立したほか、二〇一七年末には日本のユニクロもエチオピアの工場に衣類を発注することを決定した。[4] このようにアフリカ諸国の中にも製造業やＩＴ産業を基盤にして一〇年単位で継続的に経済成長する国が現れている。

このように、後発国が先発国より速い経済成長を遂げて経済水準や生活水準が追いついていくことを**キャッチアップ**（catch up）と呼ぶ。後発国が先発国にキャッチアップする要因として重要視されているのは、ロシア生まれの経済学者、ガーシェンクロンが**後発性の利益**と呼んだものである。ガーシェンクロンによれば、後発国は、後発であるがゆえに先発国に追いつくことのできる優位性を持っていることがある。具体的には、先発国が多大な投資をした結果として開発した技術や知識を、安価でまたは無償で利用することができるかもしれないこと、また先発国が後発国に投資することによって、後発国の産業が発展するかもしれないことである。ルワンダのＩＴ産業やエチオピアの縫製業は、先発国が開発したドローンのような技術を用いたり、先発国が確立した大量生産の手法を応用したりして、低賃金労働力による競争力も援用することにより、生産や輸出を拡大していったのである。その意味で、ガーシェンクロンの言う「後発性の利益」を享受して成長したといえる。

3―2　経済成長のメカニズム――ＡＫモデル

ではこのような経済成長はどのようなメカニズムで生じるのだろうか。それは、人々が生産活動を行って所得を上げ、それを支出するという循環メカニズムを通じて生じるのである。本節では、経済成長がどのように起こるのかを、最も単純で、なおかつ経済成長の要点が集約されているAKモデルを用いて説明しよう。このモデルで得られる結論は、「経済成長は、技術進歩と物的・人的資本蓄積で決定される」ということである。

国内総生産の三面等価

説明のうえで鍵になるのが**国内総生産**（Gross Domestic Products：GDP）である。これは、ある国において一年間に生み出された価値の総額を表している。「生み出された価値」は**付加価値**（Value Added）とも呼ばれる。例えばある企業が原材料を購入して何か商品を生産・販売する際、その商品一つ一つの販売価格から原材料購入費を引いた額が付加価値であり、それをその商品の販売数量だけかけた額が、その企業が「生み出した価値＝付加価値」となる。この付加価値は、その生産活動に投入された労働や土地、資本の所有者（つまり労働者、不動産保有者、資金保有者）とその企業の所有者に、所得（賃金、地代、利子、利潤）として分配される。このため、企業が生み出した生産物と、企業が生み出した所得は同一である。それらを一国全体で総計したものが国内総生産と国内総所得なので、両者は一致する。

次に、あらゆる生産物は、その年のうちに、消費者に消費されるか、企業の設備投資に用いられるか、または在庫として売れ残ることになる。在庫の積み増しは「在庫投資」と呼ばれるので、「あらゆる生産物は、その年のうちに消費されるか投資される」ということになる。このようにしてすべての生産物は消費支出か投資支出によって処分されることとなる。このことから国内総生産は国内総支出と一致することとなる。結論として、国内総生産は国内総所得、国内総支出と等しいこととなり、このことを**国内総生産の三面等価**と呼ぶ。

AKモデル

国内総生産は、企業の生産活動によって生み出されるものである。生産活動の要点は投入・産出関係である。何かを用いて何かを作るわけだが、ここで「用いるもの」の代表として**資本**を挙げたい。資本には物的資本と人的資本があり、物的資本とは工場や機械、道路・港湾といった機械や設備を指している。これらは投資支出によって一度設置されると長い間、生産活動に用いることができる。

人的資本は、見かけは異なるものの、物的資本と類似の特徴を有している。第2章6節で説明したように、人的資本とは、人間の中に蓄積された知識や教養、能力、技能などを指している。これらは教育や訓練および職場での技術指導などによって形成される。これらも教育・訓練のための投資によって蓄積される。そしていったんこれらの知識や技能などが身に付くと長い間、その労働者や企業家の生産能力が向上する。これが資本と呼ばれる理由である。

ここで一国の物的・人的資本の総量をKと表そう。このKが二つの異なったやり方で生産活動に用いられるものとする。より効率的な使い方を「高い技術」と呼び、非効率的な使い方を

「低い技術」と呼ぶ。高い技術に対応する**資本生産性**をA^H、低い技術に対応する資本生産性をA^Lと表記する。国内総生産をYと表記すると、資本生産性（A）はY／Kと表される。

図3―2は、それぞれ高い技術と低い技術に対応する資本と国内総生産の関係を示している。これはある量の資本を用いれば、どれだけの国内総生産を生み出すことができるかを示しており、以下の式のように表記される。

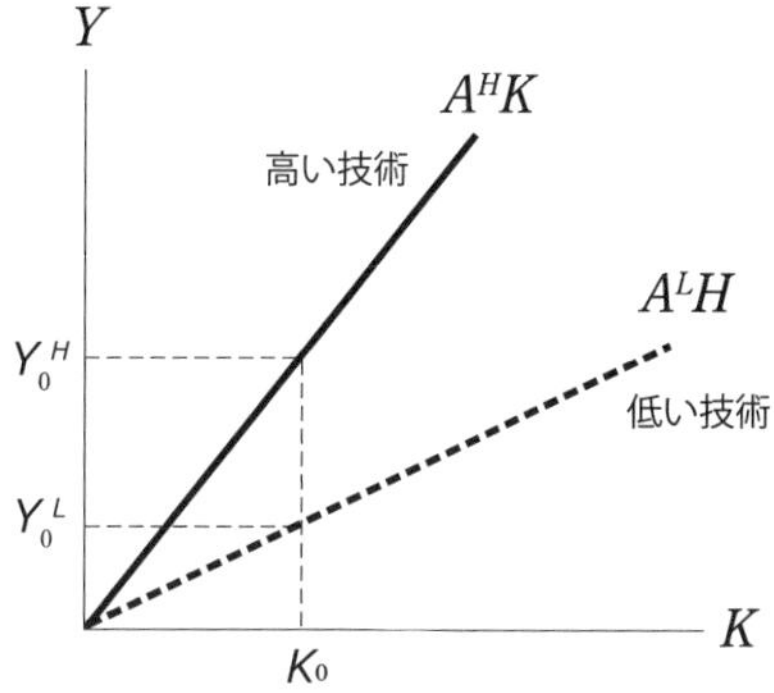

図3―2　AK型生産関数

国内総生産　$Y = AK$　(1)

この式は**生産関数**と呼ばれている。この生産関数は資本の量（K）と資本の生産性（A）の掛け算として定式化されていて、それがゆえにこの経済成長モデルは**AKモデル**と呼ばれている。(5) 図3―2は、同じ量の資本（K_0）を、それぞれ高い技術、低い技術で生産活動に投入した場合、高い生産量（Y_0^H）と低い生産量（Y_0^L）が得られることを示している。

三面等価の性質から国内総生産は国内総所得と国内総支出に一致する。国内総支出は消費（C）と投資（I）

に分けられることを説明した。この関係は以下のように示される。

国内総支出　$Y = C + I$　(2)

さらに国内総所得は、それぞれの家計において、消費（C）か貯蓄（S）に回される。この関係は以下のように記される。

国内総所得　$Y = C + S$　(3)

もう二本の式を加えることによってAKモデルの経済成長率を導出することができる。最初の一本は、貯蓄決定式である。ここでは所得の一定割合（s）を貯蓄する、という関係を想定する。sは貯蓄率と呼ばれる。この関係を数式にすると、

貯蓄決定　$S = sY$　(4)

となる。最後の一本は資本蓄積を表現する式である。資本蓄積は時間の経過と共に生じるプロセスなので、ここからは時間（t）も考慮に入れる必要がある。資本蓄積は例えば、二〇二〇

年の資本に二〇二〇年の投資を加えて二〇二一年の資本が形成される、というふうに進行する。これは $K_{2021} = K_{2020} + I_{2020}$ と表記される。ここで年を t という変数で表記すると上記の関係はより一般的に、以下のように記すことができる。

資本蓄積　$K_{t+1} = K_t + I_t$　（5）

右の例は、$t = 2020$ を（5）式に代入した場合である。同様に、国内総生産、消費、貯蓄もある時点における数値として、Y_t、C_t、S_t のように表記される。一方、貯蓄率（s）と生産性（A）は安定していて、年にかかわらず一定と仮定する。

ＡＫモデルによる経済成長率

経済成長率は、一年後の国内総生産と今年の国内総生産の差を今年の国内総生産で割った比率である。（1）式の生産関数が、今年（t）も来年（$t+1$）も成立する（$Y_t = AK_t$, $Y_{t+1} = AK_{t+1}$）ことから、右の五本の式を（1）、（5）、（2）、（3）、（4）の順番で代入していくと次式を得る。

$$経済成長率 = \frac{Y_{t+1}-Y_t}{Y_t} = \frac{A(K_{t+1}-K_t)}{Y_t} = \frac{AI_t}{Y_t} = \frac{AS_t}{Y_t} = \frac{AsY_t}{Y_t} = As = （生産性）\times（貯蓄率）$$

この式は、経済成長率が物的・人的資本の生産性（A）と貯蓄率（s）で決まることを示している。例えば国民が所得の二〇%を貯蓄し、生産性が〇・五であれば、その経済は一〇%の率で経済成長するという計算である。国民がより多くの消費を我慢して貯蓄に回せば（sが上昇）、資本蓄積に用いられる投資がその分だけ増加し、所得を生み出す源泉である物的・人的資本が増強される。そしてその資本をより効率的に生産活動に用いることができれば（Aの上昇。図3—2でいえば$A^L \to A^H$）、国内総生産が拡大する（経済成長する）という仕組みである。Aの上昇は労働者や企業家の努力や工夫でも実現するが、その程度には限りがある。Aが大幅に上昇するためには技術進歩が必要なのである。

そこで以下では、開発途上国において技術進歩をどのようにして起こすことができるか、を分析しよう。物的・人的資本蓄積をどのように促進できるかは第4章の政府開発援助の項で扱うこととなる。

3—3 人々の生活を大きく変えた技術革新

技術とは何か

経済学において技術とは、投入物を用いて産出物を生み出す方法を意味している。図3―2においては、投入物として一国の総資本を、そして産出物として国内所得を仮定した。よりイメージしやすい例としては、熟練した職人が、工具や材料を用いて作品を生み出す方法は技術と呼ばれるし、新しく発明された機械とそれを操る労働者によって生産物が産出される方法も技術と呼ばれる。

技術は大きく二つに分類される。**形式知**（codified knowledge）と**暗黙知**（tacit knowledge）である。形式知とは、設計図や説明文、化学式やマニュアル（作業指示書）などに記述可能な技術である。形式知は「知識」とも呼ばれうる。これに対して暗黙知とは、言葉や文章によって表現できない技術を指している。例えば、音楽演奏家、スポーツ選手、熟練労働者の技というものは、その何たるかを、本人たちでさえすべては語りつくせないであろう。

生産現場において、このような暗黙知が大きな役割を果たす場合がある。筆者は約二〇年前、インドの日系自動車工場において、エンジンの不具合を触診で判断できるという日本人技術者に会ったことがある。この技術者は、エンジンを動かしている最中に、人差し指と中指をエンジンに当てて振動の様子を診《み》ることによって、不具合を起こしているエンジンを判別できると語っていた。また学習院《がくしゅういん》大学の末廣昭《すえひろあきら》教授によれば、かつて日本のある金型《かながた》生産の技術者は、金型の完成度（この場合は金型の表面の滑らかさ）を、自らの舌で舐《な》めることによって確認していたという。金型とは部品を大量生産するための型である。作成された金型を何度も何度も用いることによって機械部品を量産することとなる。つまり金型の精度が部品の精度を決めるのである。それだけに金型には高い精度が要求される。精巧な金型を完成させるために自らの舌まで使う技術者のプロフェッショナリズムに驚かされる。ここで例に挙げた、エンジンの触診や、舌による金型の精度の確認は、指に加わる振動の程度や、舌が感じる金型の表面の滑らかさを、完全には記述できないことから、これらは暗黙知といえる。つまり暗黙知とは、**労働者に体化された技能**を指しているということもできよう。

生産現場における暗黙知は、徐々に形式知によって代替されている。熟練工の技能は、より精巧な工作機械やロボット、人工知能（ＡＩ）に置き換えられつつある。それらですべて代替されるかどうかは別として、生産活動における形式知の重要性が高まっているのは間違いないであろう。

公共財としての知識

形式知としての知識は、経済学用語でいうところの**公共財**（public goods）であり、その所有権が**知的財産権**として制度的に保護されなければ、知識の生産は過少に止まってしまう。それが特許に代表される知的財産権制度の存在意義である。この点を表３―１を用いて説明しよう。

一般の消費財や資本財（例えば米、衣服、ネジ、モーター）は、**競合財**（rival goods）であり、なおかつ「**排除可能**」(excludable) である。競合財とは、誰かが使用していればそれ以外の人は使用できない、という性質を持っている財のことで、多くの読者は「それは当然のこと」と思うであろう。しかし例えばテレビやラジオの番組は、誰かが視聴しているときでも、他の多くの人が視聴可能である。したがってテレビやラジオの番組は非競合財である。次に、排除可能性とは、利用者が費用を払わずに使用するのを排除できる可能性の高さを表している。例えば遠洋の魚は、所有者がいないので、誰もが無料で捕獲できる。近海の魚の捕獲には、船籍や漁業協同組合への加入の有無等の条件が付くが、公海の魚の漁にはそのような制約が付かない。したがって公海の魚の消費は排除不可能である。

表3―1　公共財の性質

	競合財	非競合財
排除可能な財	**通常の財**	例：ケーブルテレビ番組
排除不可能な財	例：公海の魚	**公共財** 例：知識 例：共有地 例：ラジオ番組

注：Romer (1993) の Figure 1に加筆修正したものである

　非競合性と排除不可能性の双方を満たす財を経済学では公共財と呼ぶ。公共財は誰もが生産したがらないという問題を抱えている。というのは、誰かが最初に生産すれば、その財を同時使用可能(非競合性)で、かつ無償で使用可能(非排除性)だから、誰もが「最初の生産者」になりたがらず、第一生産者の生産物に**タダ乗り**(free ride) するのが合理的だからである。このような性質から一般に公共財は過少生産および過剰消費されやすいことが知られている。具体的には、知的財産権が設定されない場合、知識は公共財である。例えばある医薬品を発明家が長い年月や多大な努力をかけて開発しても、その医薬品の化学式が明らかになれば、その医薬品は誰もが容易に生産できる。そんな経験をした発明家は、長い年月や努力を投入して発明することが愚かしく思えてしまうというわけである。

もう一つの公共財の例が地域の共有地である。例えばある村には裏山があり、その裏山には薪になる木やキノコ、木の実などがあって、地域の住民は誰もが利用可能である。それは漁村にとっての海かもしれないし、稲作農村にとっての灌漑池《かんがいち》かもしれない。いずれも地域の人々は誰でも、同時に無償で利用可能である。このような共有資源は**コモンズ**（commons）とも呼ばれる。共有地の薪やキノコや木の実は、利用者が限られているうちは時間が経てば自然に再生されるが、人口が増えて利用者が増えても無料で使用することが許されてしまうと過剰利用されてしまう。このような過剰利用（過少再生）は**コモンズの悲劇**と呼ばれている。(6) この問題を防ぐため、日本では裏山などを「入会地《いりあいち》」に指定して、入会権を有する住民のみに利用を許すという制度が作られ、過剰利用を抑制している。つまり入会権の設定によって、排除可能性を付与し、入会権を持たない利用者のタダ乗りを防いだわけである。

知識の場合も知的財産権を設定し、制度的に排除可能性を付与することによって、発明者に技術革新の**誘因**（インセンティブ）が与えられている。知的財産権の代表は特許であり、これは発明者に対して二〇年といった長さの独占的利用権を与えるものである。特許申請者が発明者と見なされるので、発明者は発明が成功したら他人がそれを知る前に特許申請する必要がある。現在では、一つの国の特許庁に申請する際、他の国における特許申請も同時に行うことができる。一方、発明したアイディアの詳細は、特許申請と同時に公開されるので、他の発明家はそのアイディアを引用して、さらなる発明を試みることができる。これが特許制度の概要である。

人々の生活を大きく変える発明（農業分野）

いくつかの発明や技術革新は、開発途上国の人々の暮らしを大きく改善している。以下では、農業、情報通信、医療に関して傑出した技術革新の例を紹介しよう。

最初に挙げられるべきは農産物の品種改良である。世界では、米や小麦、トウモロコシなどが人々の主食とされている。栄養価が高く、収量が高く、気候変化や虫害などに強い品種の開発は、世界の人々の栄養水準を上げ、健康を増進する。

このような穀物の品種改良は**緑の革命**とも呼ばれている。緑の革命を主導する国際機関としては、フィリピンに置かれている国際稲研究所（IRRI：International Rice Research Institute）、インドに置かれている国際半乾燥熱帯作物研究所（ICRISAT：International Crops Research Institute for the Semi-Arid Tropics）が有名である。これら世界で一五の研究所が国際農業研究協議グループ（CGIAR：Consultative Group on International Agricultural Research）を組織し、穀物や食料の品種改良に当たっている。二〇世紀後半にこれらの試みが始まった当初には、品種改良によって生み出された新品種は、価格が高くて貧農には手が届かないのではないか、灌漑や肥料や防虫剤といった他の投入財が必要とされ、結局は高くつくのではないか、といったような懸念が示された。しかし二一世紀に入ると、緑の革命によって品種改良された新品種は世界各地に根付き、次の新品種を生み出す元となっていった。(7)

大豆やトウモロコシなどは穀物メジャーと呼ばれる多国籍企業がバイオテクノロジーなどを用いて、高収量品種を独占的に供給し、農家が高値で購入することを余儀なくされる、といった課題が残っている。(8) しかし総じて品種改良は、消費者にとってはもちろんのこと、農家にとってもプラスに作用している。

低所得国における情報通信イノベーション

情報通信分野の技術革新も開発途上国の人々の生活水準を引き上げることに役立っている。特に携帯電話は、前章で述べた安全保障の面から貧困削減に貢献している。携帯電話を持つことによって、災害時でも家族や地方自治体に連絡を取ることができる。開発途上国では電気がない村もあるのではないか、と懸念する読者がいるかもしれない。電気が来ていなかったら携帯電話は使えないのではないか、と。実際、電気が届いていない村はあるけれども、そういう場所でも、燃料を用いた発電機や太陽光発電によって携帯電話の充電が可能である。

避難先で、または出稼ぎ先で家族と連絡が取れるというのはとても大事なことである。今や難民にとっても、どの国にどのように入国できるかといった情報を得たり、家族の安否を確認したりするという目的で、携帯電話は必需品になっている。(9)

生活の安全保障という面で携帯電話はもう一つ大事な役割を果たしている。それは送金機能である。日本では携帯電話の使用料は後払いで、銀行口座引き落としが普通である。一方開発途上国においては銀行口座を持っている人が少ないため、携帯電話の使用料は前払い方式である。安ければ一〇〇〇円ぐらいで電話機を購入し、数百円ぐらいで電話番号（の入ったSIMカード）を購入する。そして利用料金として一〇〇円を前払いすれば、その一〇〇円分だけ通話やメッセージ通信ができるというわけである。利用料の一〇〇円は電話番号にチャージされるので、電話番号が銀行口座番号の役割を果たす。例えば前払いした一〇〇円のうち五〇円を親に送金したいと思ったら、自分の電話番号にチャージされている五〇円を、親の電話番号に付け替えれば、親への送金は完了する。親は最寄りの携帯電話取扱店（どこの市場にでもある）に行って手続きすれば、五〇円を引き出すことができる。

筆者はバングラデシュの地方を運転手と二人で回っていた際に運転手から「病院の窓口にいる兄から、一〇〇タカ（約一五〇円）を治療費として今すぐ送ってほしい、と連絡があったのですが、送金しに行っていいですか」と尋ねられたことがある。そこは市場に近い場所で、ものの一〇分ぐらいで運転手は送金を終えて車に戻ってきた。それほど携帯電話間の送金がバングラデシュの農村部でも容易になっている。

　かつては一度夫が都会に出稼ぎに行ったら帰郷するまでお金が得られなかったのであるが、今では電話一本で送金してもらえるのである。誰かがケガをした、家畜が病気になった、山火事が畑に燃え移った、大雨で増水した、といったリスクに直面した際に、電話一本で家族に支援を求められるというのは、貧困層にとって非常に重要なことである。ある実証研究によれば、バングラデシュ北西部において、携帯電話の送金機能の利用によって都会に出稼ぎに行った家族からの送金額が二六％増加し、農村部の家族の消費が七・五％増加した結果、地域の貧困率が低下した、とのことである[10]。

　さらに特筆すべきは、この携帯電話間の送金サービスが開発されたのは、先進国ではなく、ケニアだったということである。この送金サービスはＭペサと呼ばれる。Ｍはmobileの略で、ペサはケニアなどの東アフリカで用いられているスワヒリ語等で通貨を意味する。他の開発途上国と同様にケニアでも銀行口座を持っている人数は少なかったのであるが、携帯電話は急速に普及した。そういう状況のケニアであったからこそ、銀行口座の契約を前提としない送金サービスが発明されたのである。つまり携帯電話間送金というイノベーションは、ケニアの社会経済条件だったからこそ求められ、その需要に対応する形で開発されたことを強調しておきたい。

開発途上国で生み出された医療技術１（経口補水塩療法）

保健面の技術革新も、人々の生活を不慮のリスクから守るという意味で、貧困削減に貢献している。どの国においても乳幼児に大きな健康リスクがあり、典型的な疾病の症状は下痢である。例として表３―２にバングラデシュの郡病院での診療理由の内訳を示した。これは乳幼児のみならず大人も含んだ数値であるが、それでも下痢が男女とも診療理由の第一位である。大人を含めてもこのような構成なので、乳幼児に限れば下痢の割合はより増加すると考えられる。

乳幼児が下痢になると脱水症状を起こし、死の危険が高まる。一九六〇年代、現在のバングラデシュ（当時は東パキスタン）においては、コレラの流行により多くの乳幼児が脱水症状を起こし、死に至っていた。これに対して、塩分と糖分を適量含んだ水を摂取させることで脱水症状が大きく改善することは知られていた。このような塩分と糖分が適度に配合された飲料液体は、成分としてはスポーツドリンクに近いもので、現在日本でも経口補水液として市販されている。これは主に、熱中症に伴う脱水対策に用いられている。しかし当時行われていた補水塩療法は点滴静脈注射によるものであり、点滴用の液体を輸送する必要があった。この液体医薬品は運送も保管も困難なため、脱

表３―２　バングラデシュの郡病院における診療理由の内訳（％）

	男性	女性
下痢	19.0	15.9
暴行	16.5	11.1
胃潰瘍	6.9	3.9
肺炎	6.8	6.9
その他	50.8	62.2

出所：Bangladesh Bureau of Statistics (2017), p.488.
注：郡はUpazilaと呼ばれており、62ある県（Zila）の下に置かれている行政区分である

写真3—1　経口補水塩とその溶液

水症状を起こした多くの乳幼児に補水塩療法を行うには機動性を欠いていた。

この問題に直面したバングラデシュのコレラ研究所（当時）の医師たちは、当時アイディア段階に止まり、実用化されていなかった「塩分と糖分を適度に加えた水を、口から投与する」という経口補水塩療法を簡便な方法で実用化することに成功した。点滴用補水液を運搬するのではなく、患者がいる病院において、塩分と糖分を煮沸した水と混ぜ合わせた補水液を作り、口から水分と塩分、糖分を補給させることで、劇的に乳幼児死亡率を下げることに成功した。表3—2に示したように、現在のバングラデシュでも下痢は頻繁に起こっており、日常的な健康問題である。そこで今ではどこの薬局に行っても、塩分と糖分を適量混ぜ合わせた粉末が数グラム単位に小分けして販売されており、人々に広く用いられている。下痢をして脱水症状が現れた患者に対して、煮沸した水にこの粉末を混ぜ合わせたものを飲ませれば脱水症状が治まるわけである。この調合法は容易なので、病院でなくとも一般家庭で実施可能であることが重要である。

具体的にいえばバングラデシュでは、写真3—1のような粉末として、近所の薬局で一包単位で販売されていて、誰でも容易に手に入る。写真の経口補水塩は一〇・二五グラム入りで、五〇〇ミリリットルの水に溶かして服用する。一包五タカ（約八円）なので、低所得者でも手が届く価格設定である。

コレラ研究所は一九七八年に国際下痢性疾患研究センター（International Centre for Diarrhoeal Disease Research, Bangladesh：ICDDR・B）に改組され、現在に至っている。感染症の研究に加え、現地の基幹病院として治療も行っている。その後、経口補水塩療法は乳幼児の下痢対策の主要な対処法として認識され、バングラデシュのみならず、世界各地で用いられるようになった。この貢献が認められてICDDR・Bは、二〇〇一年、ビル＆メリンダ・ゲイツ財団のグローバル・ヘルス賞の初めての受賞者に選ばれている。

開発途上国で生み出された医療技術2（屠呦呦の抗マラリア薬）

もう一つ、開発途上国において現地のニーズから生み出された重要な技術革新の一つに抗マラリア薬のアルテミシニンがある。これは中国人で初めて二〇一五年にノーベル生理学・医学賞を受賞した屠呦呦《トゥヨウヨウ》が開発したものである。同年のノーベル生理学・医学賞は大村智《おおむらさとし》やウィリアム・C・キャンベルにも与えられている。これらの三人は、エイズに代表されるウイルス感染症や結核に代表される細菌感染症対策が注目を集めていた二〇〇〇年代においても、寄生虫や原虫といった生物が引き起こす感染症研究を続け、目覚ましい業績を上げたことから、同時に受賞したものである。

マラリアは単細胞生物であるマラリア原虫が病原体で、蚊によって媒介される。周期的に発する高熱が主な症状であり、世界で年間数十万人の死者が出る。第2章6節で述べたように乳幼児や妊婦の死亡率が高く、何度も感染を繰り返す成人の死亡率は低いという特徴がある。マラリアは主に熱帯で感染が広がっているが、第一次世界大戦時にギリシャやブルガリア、ドイツやロシアといった北方にも感染が広がった[11]。このように温帯でも感染の広がりが見られることから、現代の中国においても無視しえない重要性を持つ疾病であった。

従来マラリアにはメフロキンやキニーネといった治療薬が用いられてきたが、一九九〇年代に入ってからこれらの薬剤に耐性を持つマラリア原虫が現れ、問題性がより高まっていた。メフロキンやキニーネの使用による治癒率は、一九八〇年代には八〇〜一〇〇%だったのに対して、二〇〇〇年には五〇〜六〇%へと低下していた[12]。

これに対して、屠は中国南部においてマラリアの感染が広がっていた一九七〇年代に、中国の伝統医学や漢方薬を数多く調査するうち、ヨモギの一種を見出し、アルテミシニンという成分を抽出した。アルテミシニンを他の抗マラリア薬と同時に投与することによって一〇〇%近い治癒率が得られることが報告されている[13]。

今でこそ中国の医療技術は発展し、二〇一九年に発生した新型コロナウイルス感染のワクチン開発に関して中国が大きな貢献をしていることが知られているが（後述）、屠がアルテミシニンを見出したのは一九七二年で、そのころ中国は文化大革命の最中《さなか》である。中国全体が科学よりもイデオロギーを重視していた時期に、屠らの研究グループが地道な調査を続けてマラリア特効薬を開発したことは特筆に値する。

これまで紹介した技術革新は、開発途上国におけるニーズに対して反応する形で技術開発がなされ、人々の生活水準を大きく上げた事例である。次節では、より一般的に、誰が技術革新の担い手となりうるのかを分析しよう。

3—4　誰がイノベーションを起こすか？

技術革新の需要と供給

今日、技術革新のほとんどは、努力によってもたらされている。「ニュートンは、リンゴが落ちるのを見て、万有引力の法則を思いついた」という逸話があるが、これはリンゴが落ちるのをニュートンが見る前に、どれだけ多くの研究を行っていたかという事実を省略している。つまり発明は、発明しようという努力の結果、何度にもわたる失敗を経て、実現している。

ここで言う「努力」には、何度も類似の実験を繰り返す時間や、どんな実験を行うかを考える創意工夫、そして実験に伴う機材や試作品の材料を購入するための資金が含まれている。経済学的には、労働時間や創意工夫を「労働」、機材や材料の購入資金を「資本」と呼び替えることも可能だろう。本章2節の（1）式として定義した生産関数を想起してほしい。どれだけの数の新発明がなされるかは、どれだけの投入（労働や資本）がなされるか、ということと、その投入をどれだけ効率よく新発明に結び付けられるかという「発明の効率性」によって決まる。発明の効率性は、（1）式における資本の生産性（A）になぞらえることができる。この意味で技術革新（新発明）も、供給能力が大きければ大きいほど、そして技術革新への需要が大きければ大きいほど実現しやすい、ということができる。

供給能力が大きい、とは新発明のために投入されうる労働や資本が多く、発明の効率性も高いことを意味している。技術革新への需要が大きい、とは有している労働や資本を、他の目的ではなく、技術革新に投入しようという動機が強いことを意味している。ではどのような人が、高い技術革新能力を持っているのだろうか。また、どのような人が強い技術革新意欲を持っているのだろうか。技術革新を達成する能力が高い人が、必ずしも技術革新に対する強い意欲を持っているわけではない、ということを念頭に置いて、以下の議論を読み進められたい。

技術格差が自然環境に起因していた時代――一六世紀のスペイン人とアメリカ先住民

イギリスで産業革命が起こった一八世紀から二〇〇年さかのぼった一六世紀半ばに、当時ヨーロッパで最も先進的であったスペイン人と、当時アメリカ大陸で高度な文明を構築していたインカ帝国の人々は初めて出会うことになる。スペイン人征服者ピサロとインカ皇帝アタワルパが、一五三二年に現在のペルー北部で戦った。インカ帝国も政治・文化的に精緻な社会を構築していたのであるが、スペイン人側は銃や金属製の剣、馬などの家畜を持っていたのに対して、インカ側は持っていなかったことが、この戦闘がスペイン人側の一方的な勝利に終わったことの原因とされている。そしてスペイン人たちはこれらの武器や家畜に加え、意図せずして天然痘《てんねんとう》ウイルスまで持ち込んでいた。そして天然痘もまたインカの人々の命を奪っていく(14)。

地理学者・歴史学者として知られるジャレド・ダイアモンドは、一六世紀までの間にヨーロッパとアメリカ大陸の間にこれほどの技術格差が生じたのは、ヨーロッパの位置するユーラシア大陸と南北アメリカ大陸の間の地理的な違いが大きく寄与していたと主張する。その違いとは、ユーラシア大陸が東西に展開した形状をしているのに対して、南北アメリカ大陸は南北に展開した形状をしていることである。東西に広がった大陸は、同じ気候帯がつながっているので、大陸のどこかで発生した植物や動物（微生物も含む）の新品種が伝播《でんぱ》しやすい。これに対して南北に伸びた大陸では、どこかで発生した新品種が伝播するためには、異なる気候帯の地域の間の移動を生き延びなければならない。これは新品種の技術移転にとっては大変不利な地理条件である。この有利さを活かし、ユーラシア大陸では動植物の新品種が広まりやすく、それらを用いた加工品として製造業も発展してくる。多様な動植物は多種の微生物を伴う。そして新たな微生物が引き起こす感染症にも免疫が形成される。一方のアメリカ大陸においては、動植物の品種が少なく、家畜を飼う習慣も限定的で、病原体にさらされる機会も少ない。つまり一六世紀にヨーロッパ人とアメリカ先住民が出会ったときまでに、地理的・歴史的要因によって、技術や家畜（そして病原体）の多様性に大きな格差がついていたというわけである。

このように一六世紀の大陸間の大きな技術格差は、自然環境や歴史・文化の展開によって形成されていた。つまり社会や経済全体の技術革新能力によって技術水準が決まっていた。人々が、自ら能動的に技術革新を行うようになるのは、一八世紀の産業革命からである。

シュンペーターの技術革新論（先発企業の優位性）

産業革命による一連の技術革新を目の当たりにしたオーストリアの経済学者シュンペーターは、産業革命という技術革新の連続が、一八世紀以前とそれ以降の経済メカニズムを区別する大きな要因になったと洞察した。そして二〇世紀以降の技術革新の担い手として、高い能力を持った**企業家**に着目した。これは一六世紀のヨーロッパとアメリカ大陸の技術水準が、主に自然環境や歴史文化で決定されていたことと、大きな相違をなしている。

シュンペーターは進取の精神を有した企業家が、既存の財貨や組織、生産方法などを新たな組み合わせで結合すること（新結合）が技術革新であるとした。この「新結合」には資金が必要で、その資金を用立てることのできる企業家は、自らの才覚と資金を組み合わせることによって生産を拡大し、他者との競争に打ち勝っていく。これによって徐々に独占体制を固めていくことになるのであるが、この独占企業の調達できる資本はより潤沢になっていき、これを担う企業が元々有していた進取の精神や才覚と相まって、より技術革新能力を高めていく。

このようにシュンペーターは技術開発の能力を重視し、独占度を高めた産業界のリーダーは、高い企業家精神と資金力の観点から、技術革新の担い手となりやすいと考えた[15]。

アローの技術革新論（後発企業の技術革新動機）

これに対してアロー[16]は、技術革新に取り組む動機に着目し、独占企業には同じ産業で技術革新を行う需要が弱いことを指摘した。例えばある産業でほぼ独占状態にまで市場支配力を高めた企業は、自社の既存の商品を売り続ければ高い利潤が得られるので、新商品を開発する動機がない[17]。

自動車産業を例に取れば、ガソリンを燃料とする乗用車で市場支配力を高めた企業は、ガソリンを販売する会社とも協力してガソリン供給網を国中に張り巡らすと同時に、自動車の販売会社ネットワークも整備する。また一般消費者にとっては高額な自家用車の購入を促進するために、分割払いのための金融を行う仕組みも整える。このような体制を構築するために、多額の投資をする。

そのような状況下では、この先発企業に電気自動車を開発する誘因は弱い（表3—3）。な

表3―3　誰が技術革新を起こすか？　先発企業と後発企業の強みと弱み

主唱者	技術革新の担い手	強み	弱み
シュンペーター	業界をリードする先発企業	独占利潤による資本力と既存の技術に関する知識	既に市場支配力を確立しているため、技術開発誘因が小さい
アロー	後発企業	先発企業を追い越そうとする意欲	先発企業より既存技術に関する知識が少なく、資本力が弱い

ぜならば、それまでガソリン自動車を生産するために長年蓄積してきた多くの知識や情報、そしてガソリン販売会社との連携体制などなどが電気自動車では不要だからである。そのうえ、電気自動車生産に関して品質、生産費用等の面で競争に打ち勝つには、新たな投資が必要となる。そのような新たな投資をして電気自動車生産に切り替えるよりも、これまで苦労して構築した「ガソリン車生産・消費・流通体制」を維持したい、と思うのが普通であろう。なぜならこれまで行ってきた設備投資、研究開発投資等からまだまだ得られると想定していた利益が、急に断たれることを意味するからである。このようにして失われる利益は**遺失利益**と呼ばれる。

これに対して新規参入企業には、失うものが何もない。ガソリン車生産・消費・流通体制に関わっていないから、それらに投資もしていなければ、それらから利益を得てもいない。むしろあるのは、先発企業を追い越そうという強い意欲である。このようにアローの観点から言えば、後発企業には技術革新による遺失利益がない分だけ、技術革新への動機が強い。これが、技術革新に取り組むうえでの、先発企業に対する後発企業の強みである。

技術革新は創造的破壊

実はシュンペーターも、技術革新によって既存の企業に遺失利益が生じる側面を強く意識していて、「技術革新とは**創造的破壊だ**」と指摘していた。技術革新は、新製品を生み出すという意味で「創造」と言えるが、その創造は多かれ少なかれ、既存の製品の価値を失わせる。例えば、デジタルカメラが普及したことによって、従来のフィルムを用いたカメラの販売額は大きく落ちた。またデジタルカメラを内蔵した携帯電話が普及したことで、今度はデジタルカメラの販売が減少した。このようにしてデジタルカメラはフィルムカメラの価値を破壊し、カメラ付き携帯電話はデジタルカメラの価値を破壊したことが分かる。よく考えれば、ビデオテープやビデオカメラ、ビデオデッキの価値も破壊したことに気づかされる。

カエル跳びの可能性

では先発企業と後発企業のどちらが技術革新に成功するのだろうか。その答えは、表3—3に示したシュンペーター効果（技術革新能力の高さ）とアロー効果（技術革新誘因の強さ）の相対的な大きさによっている。先験的にどちらが強いと言えるものではなく、シュンペーター効果が勝れば先発企業がさらなる新製品を市場に出し、アロー効果が勝れば後発企業が先発企業を出し抜いて新製品の市場占有率を高めることになる。
アロー効果がシュンペーター効果に勝り、後発企業が先発企業を追い越すことを**カエル跳び**（または**リープフロッギング：leapfrogging**）と呼ぶ。これはまさに後発のカエルが先発のカエルを跳び越す形で技術革新が進むことを示している。

例えば二〇二〇年代、電気自動車が次世代の乗用車の主流と見なされつつある。それまでの自動車においてエンジンは、自動車技術の粋を集めたもので、エンジンの効率化、小型化、軽量化は、自動車の性能のかなりの部分を決定していた。その歴史の中でアメリカのフォード、ドイツのベンツ、フランスのプジョー、日本のトヨタ、日産、ホンダに代表される企業がより優れたエンジン開発にしのぎを削ってきたのである。

しかし電気自動車は、そのエンジンを無用にする新技術なのである。これまで自動車産業を牽引してきた上述のような企業は、エンジンの技術に関する多くの特許を有していることから、エンジンに体化された、これまでの彼らの技術開発投資を無にするような電気自動車への転換に躊躇《ちゅうちょ》するのも当然である。新技術の中でも水素自動車であれば、ガソリンの代わりに水素を燃やしてエンジンを動かすことになるので、既存のエンジンの技術が幾分でも利用可能である。しかし電気自動車は全くエンジンを使わないので、エンジンを用いた自動車の技術の価値を無にする創造的破壊なのである。

したがって、電気自動車の技術開発に対して積極的に投資を行う企業が、既存の自動車産業の外から現れるのは、アローの観点から見て自然なことであった。テスラという新しい会社が二〇〇三年、アメリカのテキサス州に設立され、電気自動車生産のリーダーとなる。さらには異業種の情報通信産業からグーグルが、地図情報や自動運転などの面の優位性を活かして電気自動車産業に参入するようになる。テスラにもグーグルにも、ガソリン自動車という技術を破壊したところで失うものは何もない。

これに対して、既存の自動車製造企業であるトヨタ、日産、ホンダ等々も、これまで自動車生産で培ったシュンペーター的な供給能力の強みを活かして、電気自動車市場にも参入している。テスラやグーグルなどの新規参入企業が、既存の著名な自動車産業に打ち勝ってリープフロッグするのか、既存企業が巻き返すのか、興味深いところである。

後発国が先発国を跳び越える

カエル跳び型の技術進歩は、それぞれの国において支配的となる技術の選択に関しても生じている。例えば先発国がいずれかの技術を採用して、その技術に対して最も合理的な社会・生産基盤（インフラストラクチュア。インフラと訳されることも多い）を構築したとしよう。その社会・生産インフラは、採用した技術に最も適合したものであり、一度建設されれば長期間、その技術を支えることができる。また、法制度もその技術やインフラと整合的に構築され、制度インフラとしてその技術を支持することとなる。具体的に言えば、電話や電力に関し、先進国は電話線のネットワークや電力供給のネットワークを整備してきた。銀行や郵便局を通じた金融システムも構築し、それらのネットワークに漏れがないよう利用者の拡大に努めてきた。この技術基盤を前提に、ほぼすべての家庭には固定電話機があり、電気も発電所から供給されてきた。そして特に日本の場合には、電話料金や電力使用料は、ほぼすべての成人が持っている銀行口座から自動引き落としされる料金後払いシステムが普及した。

このようにして構築された社会・生産・制度インフラは、家庭に一台ではなく、一人が一台保有することを前提とした携帯電話という新技術には向いていなかった。なぜなら、携帯電話という新技術利用の牽引役であった若者世代には定期収入がないのが通例であり、銀行口座の開設や料金後払い制度には向かなかったからである。そこで日本では、親の銀行口座から子どもの携帯電話料金を引き落とす制度が発展した。

しかし日本以外の多くの国では「子どもの携帯電話使用料を、後払いで親が払う」というシステムは採用されなかった。開発途上国では銀行口座を持たない成人が多いし、他の先進国では、若者であっても「自分の携帯電話料金は自分で払う」という主義のほうが採用されやすかったからである。

このように電話線ネットワークや銀行制度が先進国ほど整備されていない開発途上国では、携帯電話という新技術に直面して、それらのインフラを前提にしない利用方法が採用された。電話線ネットワークが不要なのは当然として、銀行口座を前提にしない携帯電話普及方法として、料金前払い制度が採用された。前節でも触れたように、携帯電話機とSIMカード（一つの電話番号が登録されている）を購入し、前払い使用料金として数十円もチャージすれば、即座に電話が利用できる。テキストメッセージの送付はほぼ無料であるし、自分から電話をかけずに、相手から電話をかけさせるように努めれば、利用料金はかなり節約できる。このような新しい制度インフラを構築することによって開発途上国は日本よりも高い携帯電話普及率を実現したのである。

表3―4は、日本といくつかのアジアの国々の固定電話と携帯電話の普及率を示している。

表3―4　電話普及率（100人当たり保有台数：2019年）

国	固定電話	携帯電話
日本	50	139
タイ	4	186
フィリピン	4	154
マレーシア	20	140
バングラデシュ	1	102

出所：世界銀行 World Development Indicators

まず日本の固定電話普及率が、人口一〇〇人当たり五〇台と高いことが目を引く。つまり二人に一台の割合で、固定電話機が家庭に普及しているのである。これに対してマレーシアは二〇台と比較的高いものの、タイやフィリピンでは一〇〇人当たり四台に過ぎず、バングラデシュは一台である。しかしながら携帯電話の普及率はタイやフィリピン、マレーシアが日本を上回っており、一人が一台以上保有している。タイでは一〇〇人当たり一八六台の保有数だから、一人が二台程度持っている計算になる。表に挙げた中では一人当たり所得が最も低いバングラデシュでも、一人が一台以上持っているという結果である。携帯電話の普及率に関して言えば、日本の周辺のアジア諸国は日本をリープフロッグした、とも言える。

ここから分かることは、既存の技術を前提に社会・生産・制度インフラ投資を行った先発国は、その投資から得られる利益がまだ残っているために、その利益を捨てて（遺失利益）新たな技術に乗り移ることに躊躇する、ということである。この現象は「先発国の人々の頭が固いから」と解釈されがちであるが、既に多額の投資を行って、その投資が回収不可能な人々にとっては合理的な行動とも言えるのである。現在取っている行動パターンに利益があり、全く別の行動パターンに変えることによってその利益を失ってしまう場合、遺失利益を経済学者は費用と見なし、**機会費用**と呼んでいる。古い技術に対して既に多額の投資を行った先発国は、そういう投資を全く行ってこなかった後発国と比較して、新技術採用には大きな機会費用がかかるのである。

需要に応じた技術革新

技術開発は、開発が成功する可能性が高いかどうか（供給面）と、開発が成功した技術が人々にどれだけ求められているか（つまり儲かるかどうか：需要面）の双方を勘案して着手される。技術者は前者の点を重視するが、経営者は後者の点も重視する。産業革命後には、後者の視点、つまり開発された新製品の市場の大きさ（換言すれば、どれだけ売れるか）を強く意識した発明が試みられるようになった。(18) また生産技術開発の場合には、その国において、土地が広大なので地価が安いとか、労働力が豊富なので賃金が安いとかいった、生産要素（土地や労働力を指す）の相対価格に応じて、より経済的な生産技術が開発されることになる。国土が広大な国では土地使用的技術を、労働力が豊富な国には労働使用的な技術が開発されやすい。例えば労働力が豊富なバングラデシュでは、縫製業に導入する技術として、労働力を全く用いない無人化ロボットより、労働者を活用しつつ熟練労働者のスキルを代替する高性能ミシンのほうが、コスト低減に有効であろう。このように、安い投入物を集約的に用いるような技術革新を**誘発的技術革新**および**方向づけられた技術革新**と呼ぶ(19)。

実際、前節で例示した、開発途上国で開発された新技術の多くは、現地の需要に応えるものであった。銀行サービスが低所得層に届いていないケニアで開発されたMペサ、下痢による乳幼児死亡率が高いバングラデシュにおける経口補水塩療法、マラリアの感染率が高かった時代の中国において屠呦呦が開発したアルテミシニンはその好例である。このほか、やはり銀行サービスが普及していなかったバングラデシュにおいて、貧困層の女性たちにグループ融資を行って成功したグラミン銀行のマイクロファイナンスも、現地のニーズから生まれた新技術と言える。創始者のムハマド・ユヌスとグラミン銀行は、マイクロファイナンスの貧困削減に対する貢献を讃えられ、二〇〇六年にノーベル平和賞を受賞している。その後マイクロファイナンスは、やはり銀行サービスが行き届いていない多くの開発途上国に普及した(20)。

適正技術・中間技術

かつて先進国で普及した技術を開発途上国に技術移転しようとした際、その技術が必ずしも開発途上国の自然環境や習慣、ニーズに合わないため、導入が進まないことが問題視された時代があった。作物の場合には自然環境に適合する品種をその地域で開発することが必要だから、国際稲研究所（IRRI）に代表される国際農業研究協議グループ（CGIAR）が設置されていることは既に述べた。

このように現地の環境やニーズに即した技術を**適正技術**（appropriate technology）と呼ぶ。(21) 適正技術は、先進国における先端技術である必要はなく、むしろ先進国において過去から現在まで用いられてきた一連の技術の中で中間に位置するものが適切なのではないかという発想から、**中間技術**（intermediate technology）とも呼ばれた。具体的には、開発途上国の多くの地域で用いられている三石カマド（石を三つ土台として用いて、それらの隙間に薪《まき》を入れて用いるが、熱効率が悪い）の代替技術として用いられる改良カマドが中間技術の一例である。改良カマドは現地で得られる粘土から成型したもので、一般に三石カマドよりは熱効率の点で優れている。先進国で日々用いられているガスコンロのほうが、三石カマドはもちろんのこと、改良カマドよりも熱効率の点で優れている。しかしガスが安定的に利用可能でない地域においては、改良カマドという「中間技術」が現状に適合しているのである。このほか、人力で井戸を掘削する伝統工法の上総《かずさ》掘りも、大掛かりな井戸掘削が経済的でない地域における適正技術として移転

写真3―2　バングラデシュ北西部を走る電気自動車　バングラデシュ・ガイバンダ県（2011年撮影）

されている。

筆者が遭遇した「現地向け改良技術」として紹介したいのは、バングラデシュの北西部で普及していた電気自動車である[22]（写真3―2）。バングラデシュにおける主要な燃料は、同国で産する液化天然ガス（LNG）である。したがってほとんどの車やバイクはガスを動力源としている。しかしガスの供給網は当時北西部には届いていなかった。そこで現地で多用されていたのが「中国製の小型電気自動車の改造車」であった。改造と言っても、ボディを小型化しただけのことである。電気は家庭用のコンセントで夜に充電し、日中に走らせる。「電気自動車」とはいえ日に一〇〇キロぐらいしか走らない近距離移動手段である。要はゴルフカートのような車が、街中で乗り合いタクシーとして用いられているというわけである。低地ばかりのバングラデシュでは坂道を上る馬力は要らない。このような改良電気自動車も、適正技術・中間技術の一つと言える。

どの国で技術革新が起こるか

技術革新は、どのような制度の下で促進され、どのような制度の下で阻害されるのだろうか。経済学者のアセモグルと政治学者のロビンソンは、その共著書『国家はなぜ衰退するのか』の中でその問いに対する答えを示している[23]。

まず彼らは、一般に常識と捉えられている「技術革新は良いことだから、為政者は技術革新を奨励するはずだ」という認識を、歴史をひもとくことによって否定する。むしろ為政者は、繁栄して平和な社会経済を構築した後には、技術革新を含むどんな変化も嫌う傾向がある、ということを明らかにする。これはシュンペーターが唱えた「技術革新は創造的破壊である」という論理から説明することができる。カエル跳びの説明の箇所で見たように、新しい技術は、既存の技術の下で構築された経済インフラや制度インフラの価値を無にすることがある。それは、既存の技術やインフラの下で繁栄や平和を築いている為政者や、そのシステムの下で地位を築いた既得権益保持者には容認しがたいことである。

したがって、紀元前から紀元後四世紀まで続いたローマ帝国や、九世紀から一五世紀にかけて繁栄したベネチア（現在のイタリアの一部）においても、最盛期を迎えるとあらゆる革新が阻害される傾向にあったという。同様に、火薬や紙、磁石（羅針盤として移動に用いた）といった世界的発明を宋《そう》の時代までに成し遂げた中国においては、一四世紀から一七世紀まで続いた明《みん》の時代には革新よりも安定が重視され、外国貿易を国家独占としたので、新しい知識を外から得たり創造したりする気運が阻害された。その結果中国は、三大発明の時期までに得ていた世界の技術的リーダーシップをイギリスをはじめとするヨーロッパに奪われることになった。[24]

イングランドにおいては一七世紀に相次いだ清教徒革命と名誉革命によって国王の権限が弱められた。議会によって政治的集権化がなされ、国としての一体性は保たれた一方で、商人や事業家の地位が向上し、確保された財産権を前提にして自由に経済活動を行ったことが、一八世紀にイギリスで**産業革命**が起こったことの背景であった。[25] 特許制度の確立によって知的財産権も保護されたが、それが一部の人々に独占されるのではなく、多くの事業家が発明をし、その特許を得ることで技術革新が進み、それらの総体が産業革命という大きな流れとなった。特許制度は、一つ一つの発明を用いた経済活動をその発明者が独占することは許すものの、それが国王や政府や一部の経済人によって独り占めされるのではなく、数多くの事業家に開放されることによって大きな活力を生み出した。このように発明によって利益を得ることや、経済活動の成果によって財産を築くことを不特定多数の人に許容するような経済制度を、アセモグルとロビンソンは**包括的な経済制度**（inclusive economic institutions）と呼び、継続的なイノベーションが実現するための制度的基盤であるとした。対照的に、史上多くの国家において見られた「為政者やその周囲の人々が利益を独り占めする制度」は、その他多くの人々を犠牲にすることで利益が生み出されることから**収奪的な経済制度**（extractive economic institutions）と呼ばれた。

経済制度が包括的であるということは、生産活動や技術革新への参加が誰にでも許されることと、それらに成功した場合に得られる利益の所有権（財産権）が確立されていること、そして創造的破壊によって競争に負けてしまった場合でも再起が可能で、失敗が受容されやすいことを含んでいる。その意味では、破産を含む事業清算の制度が確立されることも、経済全体の創造的破壊を推進するためには必要である。これらが経済史研究から得られる技術革新推進戦略への含意である。

3―5　感染症と知的財産権

二〇一九年末、中国の武漢《ぶかん》での感染爆発を皮切りに世界全体への感染が広がった新型コロナウイルス（COVID-19）が、世界の政治・経済・社会に及ぼした大きな影響については、同時代を生きた人々に対して語る意味はない。誰もが知っているからである。二〇二二年九月初めの時点で六億件以上の感染があり、感染による死者数は六〇〇〇万人以上に及んでいる。(26)

このように感染症は、数多くの人々を短期間のうちに死に至らしめたり、体力を弱めることによって生活水準を下げる潜在力を有している。そして感染した人には治療が必要で、感染していない人には予防が求められる。多くの場合、治療に有効なのは治療薬で、予防に有効なのはワクチンである。治療薬もワクチンも医薬品であり、それらのアイディアは知的財産権の対象となる。

本節と次節では、前世紀終わりに感染が広がり国際開発への大きな挑戦となったHIV／エイズと新型コロナウイルスに対して、世界がどのような知的財産権政策を採用し、対処を試みたのかを振り返る。

感染症と世界の不平等の歴史

感染症は世界史のいくつかの局面において決定的な役割を果たしてきた。前節で紹介したように、ヨーロッパ人が南北アメリカ大陸を植民地化するに当たって天然痘ウイルスを持ち込んだことは、意図した戦略ではなかったとは言え、少数のヨーロッパ人が多数のアメリカ先住民を打ち負かす大きな要因となった。

歴史学者のシャイデルは、石器時代から現在まで、世界の多くの地域において平時には成功者による富の蓄積と不平等化が起こり、その不平等化を逆転して平等化が成し遂げられるためには、戦争、革命、国家崩壊、感染症の四つの変動要因のいずれかが起こることが必要だった、と主張した。[27] 世界史の中で感染症として大きく取り上げられているのはペストであり、中世にペストが大流行した後には、労働力が減少した結果、労働者の賃金が上昇して、平等化が進んだと考えられている。

二〇～二一世紀のHIV／エイズ問題

第二次世界大戦後、国際開発の文脈で最も問題視された感染症はHIV／エイズであった。というのは後述のように、HIVに感染すると免疫系が破壊され、結核など他の感染症を発症しやすくなることによって致死率が高かったからである。

一九九〇年代から二一世紀の最初の一〇年までの間、特にアフリカの中でも南部アフリカと東アフリカの国々において、HIV／エイズは国家の安全保障に関わるほどの緊急事態と捉えられていた。当時、世界で毎年一〇〇万人規模の人々がエイズによって亡くなっており、ピーク時の二〇〇四年には、約一七〇万人に達した。[28] 新型コロナウイルスによる世界の死者数は、二〇二〇年初から二〇二一年一月までで約二〇〇万人であったわけで、世界中に蔓延している新型コロナウイルスによる犠牲者と同程度の規模の死者数が、アフリカ、アジア、南米を中心とする開発途上国において発生していたことが分かる。

図3―3は、南部アフリカと東アフリカの代表的な国々とサハラ以南アフリカ全体のHIVの成人有病率（一五～四九歳）を示している。南部アフリカの代表としては同地域で感染割合

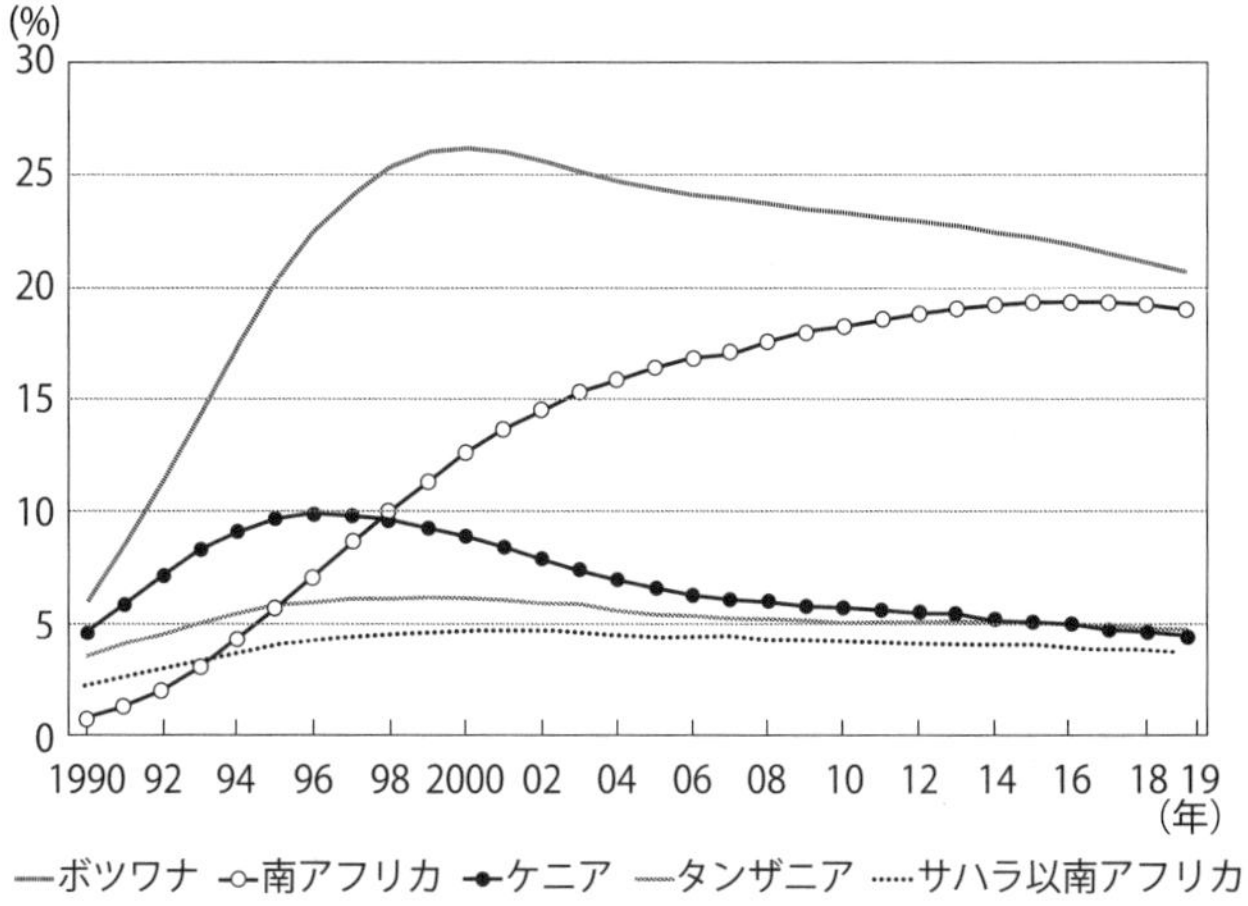

図3—3　成人HIV有病率（%：15〜49歳）　出所：World Development Indicators データバンク

の高いボツワナと南アフリカの数値を示した。ボツワナにおいては二〇〇〇年の有病率が二六・一%となっており、成人の実に四分の一以上がHIVに感染していた。南アフリカにおいては二〇〇〇年代を通じて一五〜二〇%の高い値を示している。東アフリカのケニアやタンザニアは、ボツワナや南アフリカよりは低いものの、ピーク時にはそれぞれ一〇%、六%という高い値を記録している。サハラ以南アフリカ全体としても、五%程度の高い有病率が、過去二〇年程度継続している。

ただし図3—3は一方で、南部アフリカや東アフリカの代表的な国々の有病率が、一九九〇年代を通じて上昇した後、二〇〇〇年代に入ってからは低下に転じる（ボツワナ、ケニア、タンザニア）か、上昇傾向が鈍化している（南アフリカ）ことも示している。一九九〇年代を通じて感染拡大に手が付けられないかに見えたＨＩＶ／エイズの感染拡大に歯止めがかかったのである。

このＨＩＶ／エイズ感染拡大を押し止めるに際しては、抗エイズ薬の知的財産権保護を弱め、抗エイズ薬の特許保有者以外の生産者にも供給を認めたことによって、より多くのＨＩＶ感染者に抗エイズ薬が利用可能となったことが作用していた。

以下では、抗エイズ薬の知的財産権の保護の緩和と、その効果について述べる。(29) それに先立ち、ＨＩＶ／エイズという感染症の特徴について概説する。

ＨＩＶ／エイズとは

エイズは後天性免疫不全症候群（Acquired Immune Deficiency Syndrome：ＡＩＤＳ）と呼ばれる感染症である。病原体はＨＩＶ（Human Immunodeficiency Virus）というウイルスである。エイズは、ＨＩＶに感染した人の体内の免疫系が破壊され、通常では重篤化しないような感染症（肺炎、結核等）が重篤化してしまうことから発症する。抗エイズ薬は、ＨＩＶに感染しても、免疫系の破壊を食い止める作用がある。抗エイズ薬は、体内のＨＩＶを完全になくすことができるわけではないので、感染者には終生抗エイズ治療が必要となる。つまり、ＨＩＶ感染の状態は続くものの、エイズは発症していない状態を安定させることが治療の目的となる。また、ＨＩＶは変異して薬剤耐性を持ったウイルスが生まれやすいので、複数の抗エイズ薬を組み合わせて投与しながら、それらの薬剤の効果を観察する必要がある。そしてある組み合わせの薬剤が効かなくなった場合には、別の組み合わせの薬剤を試すことになる。

ＨＩＶの感染力は、例えば新型コロナウイルスほどに高くはない。というのは新型コロナウイルスは咳《せき》やくしゃみで出る唾液の飛沫《ひまつ》や、空気中に漂う唾液の小さな粒子（飛沫核）でも感染するが、ＨＩＶは血液や精液、膣《ちつ》分泌液、母乳といったいくつかの体液からしか感染しないからである。唾液、汗、尿からは感染しないことが知られている。

感染経路は、血液を通じたものとして、同一の注射針を用いた薬物の回し打ち、ＨＩＶを含む血液製剤を用いた輸血、母親から胎児への血液感染などがある。精液、膣分泌液による感染は性交によるものである。母から乳児に対しては授乳によって感染しうる。

一九八一年、アメリカの疾病対策予防センター（ＣＤＣ）が、エイズの最初の症例を報告した。患者は男性同性愛者で、その後同様の症例がゲイコミュニティで確認されたことから、男性同性愛とエイズの発症が結び付けられ、男性同性愛者の差別につながった。しかし男性同性愛者のＨＩＶ感染率が高いことには医学的理由があり、肛門《こうもん》性交による感染確率が膣性交による感染確率より数倍高いことによっている。[30] それ以来、ＨＩＶ陽性者は、差別とも闘うことを余儀なくされた。[31]

一九九〇年代にはＨＩＶ感染の中心が開発途上国に移っていった。なかでもサハラ以南アフリカでは、成人の一〇〜三〇％が感染する国も現れた。当時は抗エイズ薬が高価であるがゆえ

表３―５　地域別HIV感染者数の推定値（1997年）（単位：1,000人）

地域	人数
東アジア・南アジア・太平洋地域	5,300
オーストラリア・ニュージーランド	13
東ヨーロッパ・中央アジア	50
西ヨーロッパ	510
中東・北アフリカ	200
サハラ以南アフリカ	14,000
北アメリカ	750
カリブ地域	270
ラテンアメリカ	1,300

出所：World Bank (1997), Figure 1.1.

に普及しておらず、ＨＩＶ感染が、免疫系の破壊を引き起こし、二次感染を招く結果、死に至るケースが多かった。表３―５は一九九七年の時点でのＨＩＶ陽性者およびエイズ発症者の数の推計値を示している。サハラ以南アフリカが一四〇〇万人と突出しており、これに東アジア・南アジア・太平洋地域が続いていることが分かる。アジアで当時感染者が多かった国としてはインド、タイが挙げられる。地域としてこれらに続くのはラテンアメリカで、なかでも感染者が多いのはブラジルであった。

二〇〇一年アメリカ同時多発テロからＷＴＯ閣僚会議まで

サハラ以南アフリカの中でも感染者が多かった南アフリカでは、一九九七年に薬事法が改定され、「公衆衛生上必要がある場合には、厚生大臣の裁量によって医薬品特許を無効にできる」と定められた。この条項により、同国における抗エイズ薬の特許が取り消される恐れがあった。抗エイズ薬の特許は欧米の製薬会社が保有していたので、製薬会社らは特許が取り消されて一般の製薬会社が自由に抗エイズ薬を生産販売することを危惧して南アフリカで訴訟を起こした。この条項が、南アフリカの憲法に違反しているとしたのである。これに対して南アフリカのHIV陽性者の当事者団体や国際NGOが反対運動を展開し、最終的には二〇〇一年四月、欧米の製薬会社らは南アフリカ政府とHIV陽性者たちに有利な条件で和解に応じた。(32) ブラジルでも政府が欧米の製薬会社が特許を有する抗エイズ薬の生産を他社に許す（強制実施）ことを検討したことで欧米製薬会社と争いになったが、これも二〇〇一年六月に、欧米製薬会社がブラジル政府に有利な条件で和解した。

一方、この年の九月一一日には、アメリカ同時多発テロが発生した。航空機がニューヨークの世界貿易センタービルやアメリカ国防総省に墜落し、世界が大混乱に陥った。そして九月一八日と一〇月一八日には、毒性の高い炭疽菌《たんそきん》が入れられた郵便物がアメリカの主要メディアや上院議員に送りつけられ、この郵便物に触れた五人が亡くなったほか、一七人が被害を受けるという事件が起こった。これによって「公衆衛生上の安全保障問題」は、HIV／エイズによって開発途上国で生じるのみならず、高所得国でもバイオテロリズムという形で発生しうるという認識が高まった。

HIV／エイズ課題の深刻化と炭疽菌によるバイオテロリズムによるリスク意識の高まりを背景にして、二〇〇一年一一月にカタールのドーハで開催された世界貿易機関（WTO）閣僚会議において、公衆衛生に関わる特許保護を緩めることが宣言された（ドーハ宣言）。これら二〇〇一年に起こった様々な事象によって、抗エイズ薬の特許保護を弱める流れが固まったと言える。

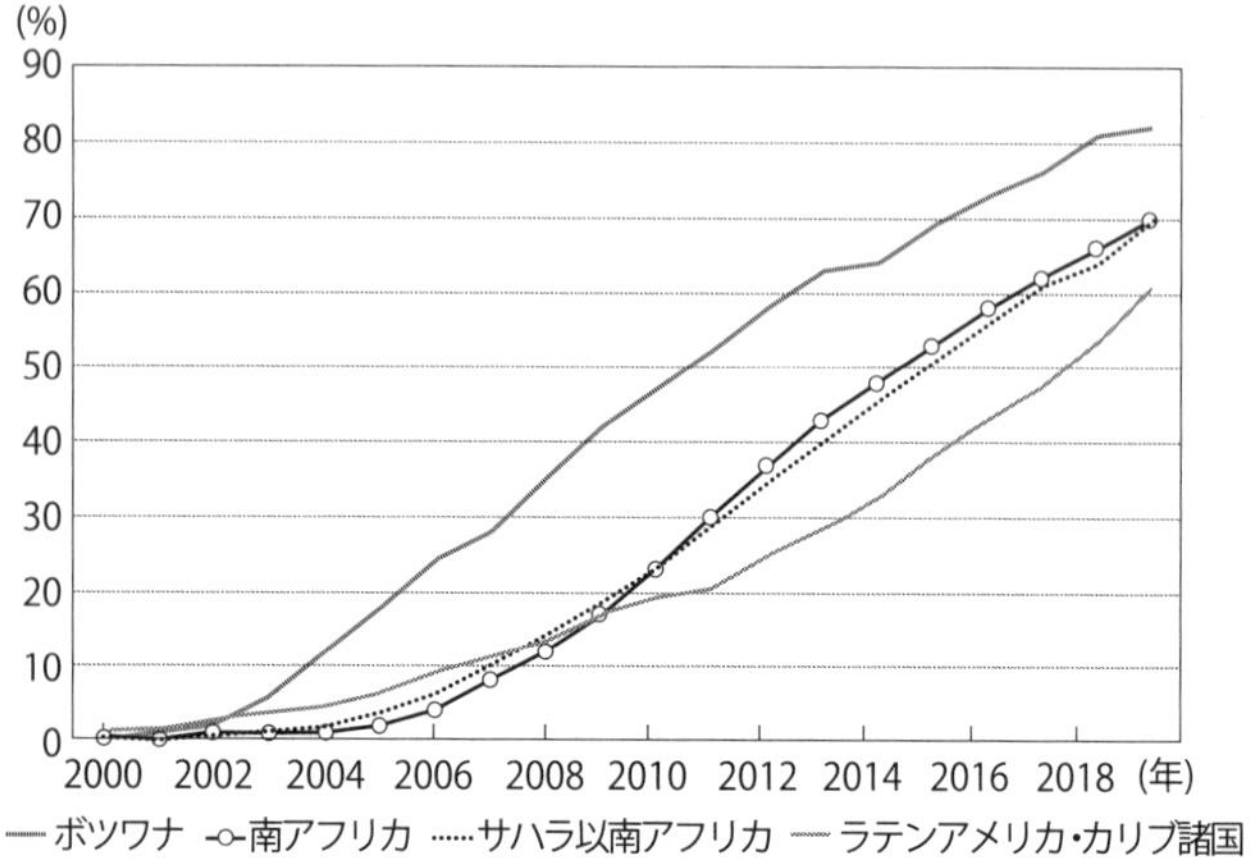

図3―4　抗エイズ治療普及率（%）　注：HIV陽性者に占める抗エイズ治療適用者の割合を示している。出所：World Development Indicators データバンク

ドーハ宣言後の抗エイズ薬の普及

ドーハ宣言によって、特許保有者でなくとも抗エイズ薬を供給する道が開かれた。その結果、感染者が支払う抗エイズ薬の年間費用は、二〇〇一年に約一万ドルしていたものが、二〇〇二年には約三五〇ドルにまで低下した。[33]その後、援助機関による開発途上国への抗エイズ薬の贈与も拡大したことから、抗エイズ薬治療は開発途上国の感染者にとっても安価になると同時に、普及率が高まった。

図3―4は、特にHIV陽性者の人口割合が高いボツワナ、南アフリカの二つの国と、サハラ以南アフリカ、ラテンアメリカ・カリブ諸国の二つの地域における抗エイズ治療普及率の推移を示している。図に挙げたいずれの国、地域においても二〇〇〇年の普及率は

ほぼ〇%であったが、年を重ねるごとに劇的に上昇していることが見て取れる。ボツワナの抗エイズ治療普及率は二〇一九年には八〇%を超えており、南アフリカでも七〇%に達している。サハラ以南アフリカ平均でも七〇%の高さであり、一九九〇～二〇〇〇年代にはHIV感染が大問題となっていたラテンアメリカ・カリブ諸国においても平均で六〇%の感染者が抗エイズ治療を受けることが可能になっている。このように、二〇年前には高所得の感染者しか受けることのできなかった抗エイズ治療が、今や開発途上国の一般の感染者にも手の届く治療法となっているのである。これは市民社会や製薬会社、国際社会の相互作用の結果として達成された二一世紀の快挙の一つである。

知的財産権制度とWTO

ただし、抗エイズ薬の知的財産権保護を弱めて、抗エイズ薬が広く普及したことは、大きな問題もはらんでいた。HIV／エイズの性質の箇所で述べたように、抗エイズ薬は一種類開発すればそれで済むというものではなく、ウイルスがその薬に対して耐性を獲得したら、また新たな抗エイズ薬を開発する必要がある。しかし現存の抗エイズ薬の知的財産権保護が弱まると、新規に抗エイズ薬を開発する誘因（インセンティブ）が弱まることになる。これはHIV感染者にとって大きな問題である。この点を以下で詳述したい。

そもそも特許制度とは、表3―1で示した「知識の公共財的性質」の中の非排除性を改める目的で設定されたものである。一定期間にせよ「開発者に発明の独占的経済利用を特別に許す」ことによって、知識に排除性を与えるのが特許に代表される知的財産権の役割である。特許がなければ技術開発が行われても新技術は簡単に模倣されてしまうことから、誰も発明者になろうとしない。むしろ模倣者に徹することが選択されてしまう。そういう状況において、技術開発は割の合わない徒労でしかない。そこで制度的に知的財産権を設定し、本来公共財の性質を強く持っている知識に排除性を付与することで、発明者の利益を高めようというのが特許制度の趣旨である。

しかし新発明は（1）開発され、（2）利用者に普及する、という二つのプロセスがあって初めて世の中に役に立つものである。特許が適用される期間（二〇年が通常）の間、開発者に独占的経済利用が許されることから、前述の二つのプロセスのうちの後者（発明された知識の後半の普及）は阻害されてしまう。これはミクロ経済学の教科書で語られるところの「独占による非効率」にほかならない。つまり（1）のプロセスを促進するには特許保護を強めたほうが良いのに対して、（2）のプロセスを促進するためには特許保護を緩めたほうが良い、というように、（1）と（2）のプロセスは矛盾をはらんでいる。その矛盾の一つの落としどころとして、二〇年という特許保護期間が定められているに過ぎない。特許保護期間を一〇年に縮めれば、発明を阻害する代わりに普及を促進することになるし、三〇年に延長すれば発明の利益をより高め、普及を阻害することになる。

この（1）（2）のプロセスの矛盾は、先進国と開発途上国の対立としても表出した。ＷＴＯは、貿易の自由化を主たる目的とする国連機関であるが、この先進国・開発途上国の対立が先鋭化したのはＷＴＯにおいてであった。戦後、世界的な貿易自由化が徐々に進んできたとは言え、世界各国に貿易制限が残存していた。例えば繊維・衣類は主に開発途上国に競争力のある製造業品であるが、主たる衣類市場である先進国の多くが**多繊維取り決め**（Multi Fiber Arrangement：ＭＦＡ）を開発途上国と結び、品目ごとに輸入数量制限を課していた。ＷＴＯは貿易自由化の趣旨に則《のっと》り、二〇〇五年、ＷＴＯ加盟国である先進国にＭＦＡを撤廃させたのであるが、このＭＦＡ撤廃はＷＴＯ加盟国にのみ適用されるので、その利益を享受するためには開発途上国がＷＴＯに加盟する必要があった[34]。

ＷＴＯ加盟に当たっては「**知的所有権の貿易関連の側面に関する協定**（Agreement on Trade-Related Aspects of Intellectual Property Rights：ＴＲＩＰＳ協定）」にも加わることが義務付けられた。ＴＲＩＰＳ協定は知的財産権制度を世界に定着させることを指向しており、これが先進国と開発途上国の争点となった。なぜなら先進国は多額の研究開発（Ｒ＆Ｄ）投資を支出して技術開発をリードする傾向にあり、特許を数多く保有している。一方、開発途上国が保有している特許の数は少ない。したがって先進国は特許保護を強めることを望んでおり、逆に開発途上国は特許保護を緩めて、発明された技術が広く安価に普及することを望んでいた。前述の技術開発・普及のプロセスで言えば、先進国は（1）のプロセスを重視し、開発途上国は（2）のプロセスを重視していたのである。

ドーハ宣言は（1）の利益を弱め、（2）によるメリットを強調した内容になっている。というのは抗エイズ薬の特許保護を弱めることを容認したからである。しかしこれによって開発途上国は勝利し、先進国が敗れたと結論付けて良いだろうか。ことはそれほど単純ではない。というのは、新しい技術は（1）発明され、（2）普及する、という（1）（2）の二つのプロセスがあってこそ、利用者に利益がもたらされるからである。（1）のプロセスに従事するインセンティブが弱まれば、それは誰も多額のR&D投資をして技術開発を試みないことを意味する。前述のようにHIVは変異しやすいので、新たな抗エイズ薬開発は不断に必要とされる。またドーハ宣言はHIV／エイズ以外の感染症にも適用されるので、他の感染症のための医薬品開発のインセンティブも下がり、感染症全体の研究開発が停滞することが懸念された。もしそれが現実のものとなったら、最も大きな被害を被るのは、感染症リスクが高い開発途上国である。

開発途上国向けワクチン開発促進策（AMC）

HIV／エイズ、結核、マラリアは世界三大感染症と呼ばれ、今世紀初めにはそれぞれの病気で毎年一〇〇万人以上の人々が命を落としていた。その多くが開発途上国の人々である。また熱帯には「顧みられない熱帯病（NTDs）」と呼ばれる感染症があることを第2章6節で述べた。NTDsの患者は熱帯の低所得国の人々に多く、彼らの購買力が低いことから製薬会社が抗NTDs薬開発に魅力を感じないことが根本的な問題である。そして医薬品の中でも、予防に用いるワクチンはさらに需要（購買力に裏付けされたニーズ）が小さい。NTDsに感染していない低所得者に、わざわざ費用を払ってまでワクチンを打って予防することの意義を理解してもらうことが困難だということも背景にある。

ドーハ宣言によってワクチンを含む医薬品開発のインセンティブが下がっている状況下でどのような政策を施せば、熱帯感染症のワクチン開発のインセンティブを高く保つことができるだろうか。二〇一九年にノーベル経済学賞を受賞したマイケル・クレマーは二〇〇〇年代初めに「**ワクチン買取補助金事前保証制度**（Advance Market Commitment：AMC）」を設計した[35]。実際にこの制度は、GAVIアライアンスという国際機関の事業として、WHO、UNICEFや世界銀行等の協力を得て実現した。GAVIアライアンスは、二〇〇〇年の発足時にはGlobal Alliance for Vaccines and Immunization と称しており、GAVIはその頭文字を取ったものである。

AMCとは、通常では製薬会社が開発に乗り出さないような感染症のワクチン開発に対して、援助機関がワクチン購入国に援助を行うことにより、製薬会社に対して間接的に開発インセンティブを与え、ワクチン開発を促す仕組みである。具体的には、まだワクチンが開発されていない感染症のワクチンの開発が成功したら、先進国の援助機関が、そのワクチンを購入したいと考える開発途上国政府に対して援助を行って購買力を補強することを前もって約束する制度である。開発されたワクチンの有効性と安全性はWHOが確認し、ワクチンの配布にはUNICEFが協力し、資金のやり取りには世界銀行が協力する。製薬会社は、有効で安全なワクチンが完成したら、先進国からの援助を得た開発途上国が購入してくれるという確信の下に、R&D投資を行うこととなる[36]。

GAVIアライアンスは二〇〇七年、肺炎球菌を対象となる病原体に指定して、初めてのAMCを実施した。すると早くも二〇一〇年には製薬会社二社による二種類のワクチンが完成してWHOに認められ、このAMCに参加した開発途上国に適用されている。二〇二〇年までの間に、ニカラグアを初めとする六〇の開発途上国が、二つのうちのいずれかの肺炎球菌ワクチン購入のための融資を受け、国内で接種を始めている（さらに二〇二〇年には三種類目のワクチンが承認されている）。

このように、ドーハ宣言によって弱められた感染症医薬品開発インセンティブは、部分的であれ、AMCという取り組みによって補完する試みがなされた。そしてこのAMCというスキームは、新型コロナウイルスに対するワクチン開発にも応用されたのである[37]。

3―6　新型コロナウイルスのための医薬品開発政策

新型コロナウイルスの感染拡大

新型コロナウイルス（COVID‐19）は、二〇一九年一二月以来、感染が急速に世界に広がった。この感染爆発はHIV／エイズに比べても地域的に広く、スピードも速かった。HIV／エイズの感染拡大の中心がアフリカだったのに対して、新型コロナウイルスの場合には先進国を含む世界全体に感染が拡大したことから、先進国政府がその緊急性をより深刻に認識した。

その結果、過去に感染爆発を起こした重症急性呼吸器症候群（Severe Acute Respiratory Syndrome：SARS）（二〇〇二年）、鳥インフルエンザ（二〇一三年）、エボラ出血熱（二〇一四年）のときよりもはるかに大掛かりな感染防止対策が採られた。経済活動のロックダウンもさることながら、治療薬やワクチン開発の取り組みも抜本的なものであった。そして治療薬やワクチン開発の促進策としては、前節で述べたHIV／エイズの治療薬・ワクチン開発の促進策が応用された。[38] 以下では、それらの政策の試みについて紹介し、今や国際保健の大きな柱となった感染症対策として、知的財産政策や技術開発政策がどのような効果を持ったのかを考えていこう。

医薬品特許適用除外の試み

前節で見たように、抗エイズ薬の普及に大きな効果を発揮したのは、WTOのドーハ宣言による特許適用除外であった。これによって抗エイズ薬が安価かつ大量に、アフリカの低所得者にも届けられることとなった。

そこで同様の医薬品特許適用除外が対策として議論に上った。しかし新型コロナウイルスが感染拡大しはじめた二〇二〇年初頭、WTOは機能不全に陥っていた。当時のアゼベドWTO事務局長は、二〇二一年八月までの任期を全うせず、二〇二〇年八月末に退任することを発表していた。後任候補として浮上した元ナイジェリア財務大臣のオコンジョ＝イウェアラを、当時のアメリカのトランプ政権が支持していなかった。このような事情から、医薬品特許適用除外のリーダーシップをWTOが取ることはできなかった。

そこで、「貿易関連の知的所有権」を扱うWTOではなく、国際保健を扱うWHOが、医薬品特許適用除外を求めて声を上げた。WHOは二〇二〇年五月の年次総会において、二〇〇一年WTO閣僚会議で決議されたドーハ宣言を引用し、（新型コロナウイルスを含む）公衆衛生に関する知的財産権保護を緩和し、全世界の人々の新技術へのアクセスを高めることを要求した。そしてこの方針に基づきCOVID-19テクノロジー・アクセス・プールという枠組みを立ち上げた。この枠組みは、抗コロナ薬やワクチンの開発技術の特許の放棄を製薬会社に求めたものである。

実はこの枠組みは、二〇〇六年にフランス等の呼びかけで設立されたユニットエイド（UNITAID）という組織が立ち上げた医薬品特許プール（Medicines Patent Pool：MPP）の仕組みを踏襲したものである。

しかしＷＨＯのＣＯＶＩＤ－19テクノロジー・アクセス・プールやユニットエイドのＭＰＰへの反応は、二〇二一年後半までは芳しくなかった。ようやく二〇二一年一〇月に製薬会社のメルクが抗コロナ薬のモルヌピラビルを、後発薬（特許保有者以外の生産者が製造販売する薬を指し、ジェネリックとも呼ばれる）製造業者に対して、低所得国向けの販売に限って、特許料を取らずにライセンス生産する方針を発表した。モルヌピラビルはＭＰＰに参加する。もう一つの製薬会社のファイザーも、自社が開発した抗コロナ薬のパクスロビドのＭＰＰへの参加を決めた。

これにより、これら二つの医薬品の低所得国向けの価格は大幅に下落することになる。通常価格としてモルヌピラビルが七〇七ドル、パクスロビドが五二九ドルに設定されているのに対し、低所得国向けの後発薬はどちらも二〇ドル程度に抑制されるという(39)。

このように抗コロナ薬に関しては感染拡大の始まりから二年以上経ってから特許適用除外の主要な適用例が現れたが、予防のためのワクチンについては特許適用除外が全く進んでいない。ワクチン開発についてはこの後述べるように、ドーハ宣言後のワクチン開発インセンティブ付与のために構想されたＡＭＣが応用されることになる。

COVAX

二〇二〇年春、新型コロナウイルスの感染拡大が世界中で起こると、感染を抑制するために早急にワクチンを開発することが求められた。「アメリカ・ファースト」を掲げ、自国第一主義を旨とする米トランプ政権（当時）は「オペレーション・ワープ・スピード」と名づけた官民ワクチン開発促進枠組みを構築し「時空を超える（ワープ）」ほどのスピードでワクチンを開発することを目指した。先進国や中国が国の威信を懸けて開発に取り組む一方で、多額の投資の結果として民間の製薬会社によって開発されるワクチンが、安価で十分な量だけ、開発途上国にも供給されるかどうかが懸念された。

前節で述べたようにGAVIアライアンスは、開発途上国向けワクチン開発促進のための枠組みとして既にAMCを実施していた。そこでGAVIアライアンスはAMCを応用し、WHOなどの協力を得て、COVID‐19ワクチンの開発と供給を促進するためのCOVAX（Gavi COVAX AMC）を二〇二〇年六月に立ち上げた。元々のAMCは「開発途上国がワクチン購入をするための資金を先進国が融資する」というコンセプトだったが、COVAXは「先進国などが資金を提供し、参加する先進国・開発途上国に対して、それぞれの人口の二〇%に当たるワクチンを供給する」という設定で構想された。二〇二〇年八月三一日までに二〇億ドルを集めることができれば、二〇二一年中に二〇億回分のワクチンが確保でき、参加国の人口の二〇%に供給できる、という計画であった。各国の人口の二〇%をターゲットにしているのは、人口の二〇％がおおよそ各国の脆弱層や医療従事者などの優先接種対象者に相当するだろうとの考慮によっている。

COVAXの枠組みを通じて初めてワクチンの供与が始まったのは、二〇二一年二月二四日のことであった。この日、ワクチン六〇万回分（一人二回の接種が必要なので三〇万人分）がガーナに供与された。これを含むCOVAX第一ラウンドとして五月末までに、一三八ヵ国に対して二億三七〇〇万回分が配分されることが発表された。第一ラウンドで提供されるワクチンはすべて、イギリスのアストラゼネカ社／オックスフォード大学のチームが開発したものであった。

COVAXは、低所得国へのワクチン供給に関して、数量と価格の面で大きな役割を果たした。数量面においては、サハラ以南アフリカに供給されたワクチンの六九・〇％がCOVAXを通じてなされている[40]（二〇二一年八月時点）。ワクチン供給は、購入、国家間贈与によってもなされうるが、所得が低く、それによって交渉力も小さいサハラ以南アフリカ諸国が製薬会社や他国から購入するのは容易でなかった。また、世界のワクチン数が限られていた状況下で、贈与で得られるワクチン数は限られていた。例えば、サハラ以南アフリカで最も人口の多いナイジェリア（約二億一〇〇〇万人）ではCOVAXから得られるワクチンが全体の九五・二％を占め、残りはCOVAX以外の贈与が四・八％、購入はゼロであった。次に人口の大きいエチオピア（約一億一〇〇〇万人）でも、COVAXが九三・四％、COVAX以外の贈与が六・六％、購入はゼロであった。ちなみにCOVAXを含むすべてのルートを通じたワクチン配分に関して、サハラ以南アフリカ諸国の中では、人口や所得が大きい国にはより多く、そして新型コロナウイルス感染者数やそれによる死者数の多い国により多く配分される傾向にあることが分かっている。[41]

COVAXが低所得国向けの新型コロナワクチン供給に果たした役割としては、ワクチン供給数に加えて、価格を低価格に抑えたという貢献も大きかった。低所得国はCOVAXを無償で受け取ることができるが、それぞれの国の感染者数の多寡に応じて、急に大量のワクチンが必要となる場合もある。必要なワクチン数がCOVAXからの供給量を超える場合には、低所得国でも製薬会社やワクチン生産国から購入しなければならない。例えばバングラデシュは二〇二二年九月一三日時点で、約三億七〇〇〇万本のワクチンを得ていたが、そのうちの三三・四％は購入したものであり、COVAXを通じて無償で得たのは全体の五九・二％であった。[42]

COVAXの運営主体であるGAVIアライアンスは、二〇二〇年八月七日、まだ世界にどのワクチンも完成していない段階で、COVAXが扱うアストラゼネカ社／オックスフォード大学開発のワクチンの価格を最高で三ドルに設定することをその生産請負製薬会社であるインド血清研究所（Serum Institute of India：SII）に確約させた。これによって、低所得国向けのワクチン価格帯として、三ドルという比較的低い価格が世界に周知されることとなった。この直前の二〇二〇年七月には、モデルナ社やファイザー社が、完成前ながらそれぞれのワクチンの価格を二〇～三〇ドルと示していただけに、COVAXワクチンがその一〇分の一の低価格で提供されると示したことは、低所得国がワクチンを購入しなければならない際に、非常に大きな価格交渉力を低所得国に与える効果を持った(43)。

ワクチン供給者の競争

低所得国への新型コロナワクチン供給のためには、COVAXによる国際協調のみならず、世界の主要国間のワクチン開発競争も大きな役割を果たした。新型コロナワクチンをいかに早く開発できるか、が国の技術力を反映しているように見なされ、文字通り国の威信を懸けた開発競争が展開された。

世界で最も早く新型コロナワクチン開発の成功を宣言したのはロシアであった。同国の国立ガマレヤ疫学・微生物学研究所という、それまで欧米のメディアには取り上げられていなかった研究所がワクチン開発に成功し、ロシアが承認したことを二〇二〇年八月一一日、プーチン大統領が発表した。その名も、旧ソビエト連邦が世界で初めて打ち上げた人工衛星スプートニクにちなんで「スプートニクV」とされた。通常、ワクチン開発の最終プロセスとして、数百人から数万人を被験者とした第三相試験が実施される。しかしスプートニクVは、第三相試験を経ずに承認がなされた。その後、治験検査が公表され、フィリピン、ベラルーシ、アルゼンチン、ハンガリーなどがスプートニクVを導入した。しかし、長らくWHOの承認を得られず、二〇二二年六月には治験データへの疑いが生じたことなどがあって、本書執筆時点の二〇二二年九月には、多くの国々が採用していない(44)。

ロシアよりも早く自国が開発したワクチンを承認すると予想されていたのは中国であった。中国では複数の企業が、政府の支援も受け、ワクチン開発に取り組んだ。代表的なのは中国医薬集団(シノファーム)、科興控股生物技術(シノバック・バイオテック)、康希諾生物(カンシノ・バイオロジクス)で、いずれも「中国」を意味するSINOを企業名に冠している。ロシアが八月一一日にスプートニクVの承認を発表すると、中国は八月二三日、ロシアのスプートニクVが承認される前の七月二二日に、医療従事者や入国管理担当者を対象にして中国製ワクチンの緊急投与(第三相試験を経ない)を開始していたことを明らかにした。わざわざ一ヵ月さかのぼった時期からの投与開始を発表したところにロシアや他の欧米のワクチン開発企業に対する中国の強いライバル意識が垣間見《かいまみ》える。

しかし中国のワクチンはいずれも第三相試験の結果を公表していなかったので、高所得国に受け入れられるには至らなかった。通常のワクチン治験のプロセスを経て受入国政府に承認されたワクチンとしては、二〇二〇年一二月八日にイギリスで接種が始まったビオンテック社(ドイツ)とファイザー社(アメリカ)が共同開発したワクチンが最初だった。このワクチンは、病原体のメッセンジャーRNAを用いて製造するもので、世界で初めて導入された新技術であった。ちなみに中国のワクチンはいずれも、病原体を不活化して製造する、従来型の技術を用いていた。

このイギリスでのビオンテック社／ファイザー社のワクチン接種がニュースとして世界中に報道されると、世界のどの国でも、可及的速やかにワクチンを手に入れ、接種を始めるべきだという世論が高まった。高所得国も自国の国民に接種するためのワクチンを確保するのに手いっぱいで、開発途上国向けのワクチン供給は二の次とされた。

そのような状況下で、中国やインドが存在感を高めた。まず中国のシノファームのワクチンが二〇二〇年一二月九日にアラブ首長国連邦で認可され、その後、バーレーン、エジプトでも使用された。シノバックのワクチンもインドネシアやブラジルといった人口大国で二〇二一年初めから採用された[45]。

インドは主に、アストラゼネカ社／オックスフォード大学が開発したワクチンの、大規模生産を担うことで、大きな役割を果たした。インドは今世紀に入ってから、新型コロナウイルスに限らず、後発薬の生産拠点として大きく成長していた[46]。そこでアストラゼネカ社／オックスフォード大学は、前項で触れたSIIを、ワクチン量産を担う相手企業として指名した。これによりアストラゼネカ社／オックスフォード大学のワクチンはSIIによって世界に供給されることになる。

SIIがアストラゼネカ社／オックスフォード大学ワクチンの量産を担当するに際しては、SIIの量産するワクチンの一部をインド政府から他国への贈与として供与することが容認されていたらしく、インドは二〇二一年一月二二日から、周辺国にワクチンを無償供与しはじめた。ミャンマー、バングラデシュ、ブータン、ネパール、モルジブ、セーシェルといった近隣諸国またはインドとの結び付きが強い国々がその恩恵を受けた。

ここで強調しておきたいのは、日本でワクチン接種が始まったのが同年二月一七日、COVAXが初めて開発途上国にワクチンを届けたのが同年二月二四日で、インドによる周辺低所得国へのワクチン供与はそれらに先立っていた、ということである。欧州諸国や日本等は二〇二〇年半ばという比較的早い時期にCOVAXという開発途上国へのワクチン供給フレームワークをデザインしたものの、二〇二一年当初は、それぞれ自国のワクチン確保を優先し、COVAXを通じた開発途上国へのワクチン供給の努力が後回しになった。その間、インドや中国、ロシアが開発途上国へのワクチン供給を始めたことから、その遅れを取り戻そうとしてCOVAXが機能しはじめたように見える。これには、アメリカ第一主義を貫いたドナルド・トランプを破って二〇二一年一月二〇日に大統領に就任したジョー・バイデンが就任早々にCOVAXへのアメリカの参加を表明したことも大きく影響しただろう。COVAX、中国、ロシア、インドが競って開発途上国へのワクチン供給を始めたことは、ワクチン需要側の開発途上国にとっては幸いなことであった。無償提供の場合を除く開発途上国向けワクチン価格は、COVAXが当初示した一回三ドル程度という比較的低い価格帯を基準として決まっている様子である。[47]

COVAXを通じた低所得国向けワクチン供給は、二〇二一年八月までは約二億回分供給されていたが、その一年後の二〇二二年八月には約一六億回分にまで増加した（UNICEFのCOVID-19 Market Dashboard による）。つまり一年間で一四億回分が低所得国に新規に供給されたことになる。この数字は世界全体の供給量である約一五〇億回の一〇分の一強でしかないので、決して多いとは言えない。しかし本書執筆時点の二〇二二年九月には新型コロナウイルスが世界的に、オミクロン株などの重症化率が低い株に置き換わる傾向が見られることから、ワクチンへの需要は減少傾向にある。そのため、アフリカで初めて新型コロナワクチンの生産を始めた南アフリカの工場は、業績が不振だという(48)。

技術と制度と開発途上国

本章では、貧困から脱却し、生活を豊かにするための経済成長が、技術革新によって牽引されることを示した。技術革新は、既に何らかの技術で先頭に立った企業が、その技術開発力を活かし、連続して実現することもある（シュンペーター的）。他方、失うものを何も持っていない後発企業が、既存の技術やシステムを破壊し、全く新しい技術体系を打ち立てる形で実現することもある（アロー的）。後者の場合をリープフロッギングと呼び、後発国が先発国を跳び越える形でも起こりうる。実際に、開発途上国で開発された新技術・新制度としてどのようなものがあるかを本章で示した。

本章の後半で議論したのは、現在の技術革新支援制度の代表である知的財産権制度、なかでも特許制度は、完全無欠で変更しえないものではなく、むしろその特徴を熟知したうえで、変更したり使いこなしたりするべきものだ、という見方である。多くの国における現在の特許制度は、ある新規のアイディアの独占的経済利用をその開発者に二〇年間だけ認め、その後はそのアイディアの経済利用を無償でどんな人にも認める制度である。しかしこの特許保護期間が二〇年である必然性はない。特許保護期間を二〇年より長くすれば、排除可能性がより高まって、開発者が独占利益を上げられる期間が延びる。しかし開発者以外の利用者は、高いライセンス料を払わないとそのアイディアを利用できない期間も延びることになる。反対に、特許保護期間を短くすれば、排除可能性が低まり、開発者が独占利益を上げられる期間が短縮されるので、開発インセンティブは下がるものの、そのアイディアの利用者は喜ぶだろう。

二〇〇一年のドーハ宣言は、抗エイズ薬の特許保護期間を二〇年ではなく、ゼロ年にすることを決定した、と解釈できる。そうなると抗エイズ薬の利用者は大歓迎するが、その後に別の抗エイズ薬やワクチンのR&D（研究開発）投資を行うことを検討していた製薬会社にとっては、それら医薬品の開発インセンティブが下落することになるので、R&D投資を手控えさせる要因になる。そこで、ワクチン開発インセンティブを支えるために設計された制度がAMCだったのである。

このように現代社会において、経済学者や多くの専門家が、その時々の問題に対処するために、何がベストな社会経済制度なのかを試行錯誤している。新型コロナ対策もそのうちの一つである。新型コロナウイルスの世界的蔓延拡大と感染者の重症化率の高さを見て、世界のどの国の政府も、早期のワクチン開発と、開発されたワクチンの広範な普及を急いだ。そのために参考にしたのは、ちょうど二〇年前にＨＩＶ／エイズに対処するために考案した、医薬品特許適用除外やＡＭＣであった。特許適用除外のほうは限定的にしか活かされていないが、ＡＭＣは新型コロナウイルス蔓延の実状に合うようにＡＭＣを改良する形で実施された。

現代社会は新製品に溢れている。本章で述べたように、その中には医薬品や携帯電話、穀物の新品種のように、開発途上国の人々の保健や貧困削減に直結するものもある。それら新技術の開発と普及は、特許制度などの知的財産権制度をはじめとする技術政策に大きく依存している。今後も、我々が直面する新しい問題の解決に対処するために、知的財産権制度や技術政策をどのように調整して適用すべきなのか、問われ続けることになる。

第4章　国際社会と開発途上国——援助と国際目標

現在の低所得国のほとんどすべてが、二〇世紀半ばまで植民地にされた歴史を持っている。そして二〇世紀半ばまでに高所得国になった国々の多く（日本を含む）が、かつて他国を植民地にした国であった。その植民地と宗主国の関係を大きく変えたのは一九四五年に終わる第二次世界大戦である。その後、多くの旧植民地が独立していったことは第1章で述べた通りである。

第二次世界大戦後、植民地だった国々とその旧宗主国の間にできた経済格差は**南北問題**と呼ばれた。旧植民地の多くが熱帯や亜熱帯に位置し、旧宗主国の多くが北半球の温帯に位置していたからである。その南北格差を解消するのが、今や各国が平等な立場で構成される国際社会の一つの大きな目標であり、国際開発の課題であった。

南北問題の解決に向けて「南」の国々が「北」の国々に求めたことの一つが援助であった。植民地時代に「搾取」したものを、その一部であれ、返還するべきだ、との論理からである。

本章では、この南北問題の解消に向けて、第二次世界大戦後に国際社会が何を行ってきたのかを考えたい。南北問題解消のための重要な手段の一つが政府開発援助である。以下ではまず政府開発援助の仕組み、なかでもその原型と展開について議論することから始める。そして二一世紀に入ってから、国際協力にどのような工夫が加えられたのかを論じる。その工夫の具体例は、援助協調、成果主義、援助評価である。またそれらの工夫の背景には、ミレニアム開発目標（MDGs。第1章を参照）や「持続可能な開発目標」（SDGs。後述）があった。そして本章の末尾では、SDGsが実質的に国際開発との関連を弱めていく中で、国際協力に携わる人々にどう行動してほしいか、そしてSDGsの後継となる国際目標が設定されるとしたら、どうあってほしいか、筆者の考えを述べる。

4―1　政府開発援助――原型と展開

政府開発援助の始まり

第二次世界大戦が終わった後、旧植民地は徐々に国家として独立を果たすのであるが、旧宗主国は旧植民地と完全に関係を断ちたくなかった。旧宗主国と旧植民地は一定程度、相互依存的な関係を構築していたので、それを完全に失うのは双方にとって遺失利益が大きかったからである。無論、旧植民地は旧宗主国からの独立を切望していたのであるから、旧宗主国による政治経済的支配を一掃したいという思いが独立後のナショナリズムの基礎となっている（第1章を参照）。しかし例えば英領植民地では英語、仏領植民地ではフランス語が長い間公用語とされ、一つの国の中であっても地域によって別々の母語を用いる国民の間の会話は、旧宗主国の言語（英語、フランス語、スペイン語、ポルトガル語等）で成り立っていた。学校教育がそれら旧宗主国の言語でなされているという状況では、それら旧宗主国言語を完全に捨て去ることはできなかった。また旧宗主国への留学など人的交流も続いた。そのような環境下で、旧宗主国が、かつて植民地だった国々に政府開発援助を行う形で、植民地化の一定の償いをしつつ交流を保つという関係が維持された(1)。

日本も第二次世界大戦までの間にアジアの国々を植民地としたり、占領したりした歴史を持つ。戦後、それらの国々に対する賠償がなされたり（インドネシア、フィリピン、ベトナム、ミャンマー）、賠償とは呼ばれなくとも「戦後処理の一環としての経済協力」がなされたりした（韓国、カンボジア、シンガポール、タイ、マレーシア、ミクロネシア、モンゴル、ラオス等）。賠償や「戦後処理の一環としての経済協力」に関する各国との協定は一九五〇年代から六〇年代に順次締結された。それと並行し、日本は一九五五年から開発途上国への政府開発援助を始めたのである。

一九九〇年代に世界のトップドナーだった日本

一九六〇年代初頭に日本は、**経済協力開発機構**（Organisation for Economic Co-operation and Development：OECD）の**開発援助委員会**（Development Assistance Committee：DAC）に加盟し、当時の自由主義陣営の援助供与国（ドナー）の仲間入りを果たした。OECDはいわゆる西側先進国の政策協調を行う役割を果たしており、DACはOECDの中でも国際協力を管轄している。

日本のDAC加盟当初の援助供与額は、第一位のアメリカの二五分の一程度の規模であった。しかし、その後の経済成長や、貿易黒字による外貨準備高の増加、そして一九八〇年代に円高が進んだことなどにより、一九九〇年代にはアメリカを抜いて世界一位の援助国となった。図4―1は一九九〇年から二〇二一年までのDAC加盟国中の五大援助供与国の**政府開発援助**（Official Development Assistance：ODA）の推移を示したものである。一九九〇年には援助額において世界第二位だった日本が、一九九三年にそれまで第一位だったアメリカを抜き、二〇〇〇年までトップドナーだったことが分かる。

二〇〇一年にアメリカは同時多発テロに見舞われ、特にイスラム社会から敵対視されていたことに気づく。そして政府開発援助を増やすことでイスラム社会を含む開発途上国との融和を試みる。またイギリス、ドイツ、フランスといったヨーロッパ諸国は、第1章で述べたミレニアム開発目標（MDGs）への取り組みが二〇〇〇年に始まったことから、世界の貧困削減に

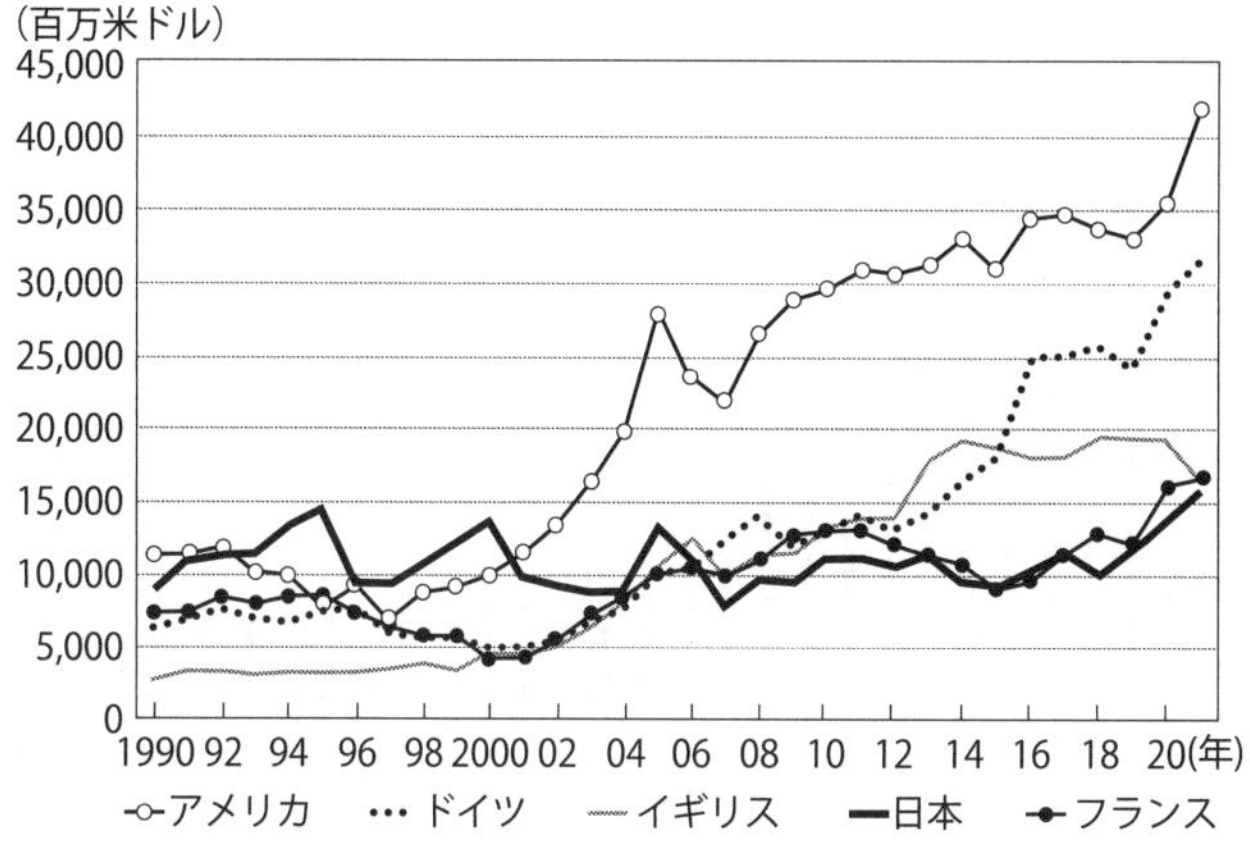

図4―1　OECD主要国の政府開発援助の推移（単位：百万米ドル）　出所：OECDデータ検索システム（Query Wizard for International Development Statistics）

向けて援助額を増やしていく。

その一方で日本は一九九〇年代初めのバブル経済崩壊以降、政府借入が拡大を続け、経済規模に比した公的債務の割合が、先進国の中でも突出していく。二〇〇〇年には日本政府の債務残高（地方自治体は除く）が国内総生産（GDP）とほぼ同額に達する。同じ年のアメリカの連邦政府債務の対GDP比が約三三%であることを勘案すれば、日本の公的債務がいかに大きいかが分かるであろう。日本の政府債務の対GDP比は、二〇〇九年に一五〇%を超え、二〇二〇年には二一六%に達している（IMFデータによる）。

この状況に鑑《かんが》み、二〇〇〇年代に入ると日本政府は政府支出削減を試みる。政府開発援助も歳出削減の対象となった。これにより、二一世紀に入ってから、ドナーとしての日本

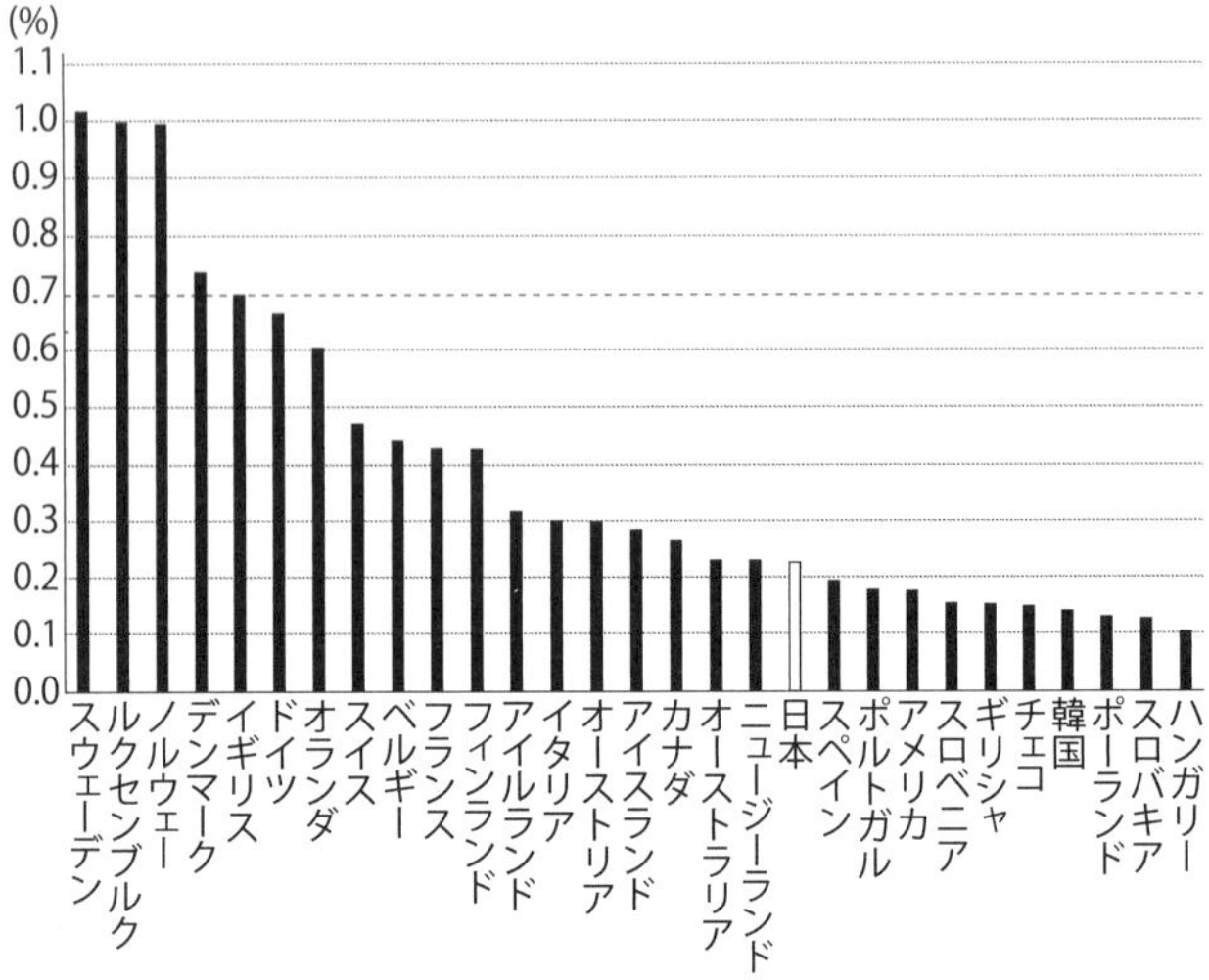

図４―２　DAC 加盟国の ODA の対 GNI 比（%、2017年）

データ：OECD データベース（https://www.oecd.org/dac/financing-sustainable-development/development-finance-data/statisticsonresourceflowstodevelopingcountries.htm）

の地位は後退していった。二〇二一年にはＤＡＣ諸国の中で第五位となっている。

経済規模に比して小さい日本のＯＤＡ

日本は総額としてはＤＡＣ諸国の中で五番目に多額のＯＤＡを拠出しているのであるが、それでも経済規模に対するＯＤＡの割合は小さい。図４―２は、二〇一七年のＤＡＣ二九ヵ国におけるＯＤＡの国民総所得（Gross National Income：ＧＮＩ［ＧＤＰとほぼ等しい］）に対する比率を示している。日本の値は〇・二三％で、二九ヵ国中一九位である。

実はこの「ＯＤＡの対ＧＮＩ比を

〇・七％にする」ということがＤＡＣ加盟国の共通目標として一九七〇年に掲げられ、日本もそれを認めている。[2] この目標はＭＤＧｓにも、そして後述の「持続可能な開発目標（ＳＤＧｓ）」にもターゲットとして盛り込まれている。しかしながら、この目標を達成しているＤＡＣ加盟国は、二〇一七年には北欧のスウェーデン、ノルウェー、デンマークと、イギリス、ルクセンブルクの五ヵ国しかないことが図4―2に示されている。日本がこの目標を達成するためには援助額を三倍以上に増やす必要があることから、達成が容易でないことが分かる。

援助のツー・ギャップ・モデル

そもそも援助はなぜ必要とされるのだろうか。それは、低所得国では消費にも投資にも物資（資源とも呼ぶ）を回さなければならないのに、その原資である所得が限られているからである。貧困に対処するためには消費を増やさなければならないが、資源を消費に回すと、将来への投資ができなくなる。将来の投資を賄うためには国外から資源を調達しなければならない。しかし開発途上国に投資をしようという民間企業は多くなかった。そこで外国や国際機関が投資のための資金を調達した。これがすなわち政府開発援助である。

前章で紹介した経済成長のＡＫモデルにおいては経済成長率が生産性（A）×貯蓄率（s）で決まることが示された。例として「国民が所得の二〇％を貯蓄し、生産性が〇・五であれば、その経済は一〇％で経済成長する」と説明した。しかし低所得国では所得のより多くを消費に充てなければならないので、仮に低所得国の貯蓄率が五％の低さだったとしても一〇％の経済成長率を達成するためには、二〇％マイナス五％＝一五％の分だけ国外から資金を調達しなければならない。民間企業から調達できないとしたら、外国や国際機関から政府開発援助として調達するしかない。この「目標経済成長率を達成するために必要な貯蓄率マイナス実際の貯蓄率」を**貯蓄・投資ギャップ**と呼ぶ。また、投資のための物資が国内で生産できず、輸入に頼らざるを得ない場合、国際通貨である米ドルなどの外貨で支払う必要がある。外貨準備が開発途上国に十分にない場合、やはり外国や国際機関からの援助で賄う必要がある。この外貨の不足分を**外貨ギャップ**と呼ぶ。この二つの面のギャップを埋めるために政府開発援助が必要だ、と説明することができる。このメカニズムは援助の**ツー・ギャップ・モデル**と呼ばれる(3)。

政府開発援助に関わる不正

多くの人々の関心が高いのは、果たしてこの政府開発援助が有効に使われているのか、そして現地の人々の役に立っているのか、ということである。率直に言えば、有効に使われるように、そして役に立つように様々な工夫がなされているものの、時に援助した機材が想定された動きをしなかったり、援助によって建設されたインフラが紛争で破壊されたり、供与された資材が意図通りに用いられなかったりして、効果を発揮しないこともある。もっと悪い場合には、政府開発援助によって調達された物資が腐敗した政府高官に渡り、彼らの権力をより強めるこ

とによって、一般の人々が虐げられてしまう危険性もある。(4)

筆者は日本の政府開発援助実施の最前線にいる外務省や国際協力機構（Japan International Cooperation Agency：JICA）、あるいは多国間援助を扱う国連機関等に勤務した経験があるわけではないが、それでもODAを用いて開発途上国の人材育成を行う事業に長年携わったことがあるので、開発途上国政府の職員と接する機会があった。その中でただ一度だけではあるが、ある国の人材育成の担当省の責任のある役職の人からあからさまに「自分を日本に数日派遣するよう取り計らってくれ」と言われ、辟易《へきえき》したことがある。筆者は開発途上国の政府高官を日本に「人材育成」の名の下に数日派遣するような事業に携わっていなかったので、「自分はそういう援助案件に携わっていない」と説明してその場を去ることができた。しかしこの官僚に日本政府側の援助案件担当者として日々相対し、両国の法律に忠実に則り、国際協力の精神を守りながら交渉を進めていく外務省やJICAの担当者の苦労がいかばかりか、察するに余りあった。

政府開発援助に不正があれば、関係者は援助供与国と援助受入国の双方の法律によって処罰される。筆者が二〇一五年に外務省の依頼でODA評価に携わったベトナムにおいては、日本からのODAの関連で、サイゴン東西ハイウェイ建設計画贈収賄事件（二〇〇八年）とハノイ市都市鉄道建設事業リベート事件（二〇一四年）が発生している。いずれも援助案件の実施を担当する日本のコンサルティング会社が、違法な賄賂やリベート（支払いの一部返金）をベトナムの地方自治体や公的企業の担当者に対して行ったもので、日本の不正競争防止法とベトナムの国内法にそれぞれ違反したということで関係者が罪に問われた。いずれの場合も事件後に日本・ベトナム両政府が再発防止策を講じている。[5]

日本の国際協力に関わる不正事件は一九七七年のソウル地下鉄事件にさかのぼることができる。日本の援助によって調達された地下鉄車両の価格が市場実勢よりかなり高く、その差額の一部が韓国側の仲介業者に支払われたのではないか、と日本の国会で議論された。[6]

このような政府開発援助に関わる不正や非効率的な実施の改善は、公的部門のサービス提供効率化の取り組みの一つとして位置付けられる。そしてODAの有効活用の取り組みは、長い間、多様な方法で実施されてきた。以下に続く節では、これらのODA効率化の試みを振り返る。

4―2　援助を有効に用いるために

政府開発援助の基本ルール

政府開発援助を有効に用いるため、伝統的に採用されてきたのが「どうしても必要なものに限って援助する」ということである。言い方を換えれば、援助受入国側で調達できるものは受入国側で用意し、調達できないもののうち必要なものを援助供与国が援助しようという考え方

である。(7)

この考え方に沿った第一の原則は、**投資支出原則**であり、援助を投資支出に限定するというものである。投資は資本として蓄積され、その後長年、現地の人々に利益をもたらすことになる。例えば新しく浄水場を設立するプロジェクトがあったとすれば、浄水場建設にかかる費用が投資支出となる。一方、浄水場運営に当たっては、毎日水を浄化する作業に当たる職員を雇用する費用や、燃料費や施設維持費がかかる。これらは建設したのちにいつまでもかかる費用なので経常支出と呼ばれる。通常、投資支出は援助で賄い、経常支出は援助受入政府が調達する、という役割分担が採用される。

次に、現地で調達できるものは援助受入国政府が用意し、援助は国外から外貨で調達できるものに限るという**外貨原則**がある。援助受入国で調達可能なものは現地通貨（国内通貨という意味で内貨と呼ばれる）で価格がついており、その現地通貨での価格は為替レートが変動すれば変化しうる。そのリスクを援助供与国が負いたくないという側面もあって、この原則が採用されている。投資支出原則も外貨原則も、前述の「援助のツー・ギャップ・モデル」の観点と符合することに注意したい。

いま一つ、日本が政府開発援助実施に際して採用している原則に**要請主義**がある。これは「相手国政府の要請に応じて援助案件を決める」という原則である。この原則のポイントは「相手国政府の」という修飾語にある。相手国の民間団体やNGO、地方自治体に対して日本政府が直接援助を行うことはなく、あくまでも国の（中央）政府を相手として援助を行うという原則である。

投資支出原則、外貨原則、要請主義のいずれも、日本の援助において一〇〇％適用される原則というわけではなく、現在では例外もあることを後に述べる。

アンタイド化

一方ＯＥＣＤは、援助の効率化に関する別の課題を重要視しており、その課題は初期の日本のＯＤＡに該当する度合いの高いものであった。この課題とは援助のアンタイド化である。

アンタイド（untied）はタイドの反義語で、タイドは**ヒモ付き**と訳されている。タイド援助とは、ＯＤＡで実施される援助プロジェクトで必要とされる資材の調達先を、援助供与国企業に限定することを指している。例えば日本の援助で橋を建設する場合に、その橋の建設に用いる資材を日本製に限定する、ということである。より安い資材が援助受入国やその他の国から調達可能だったとしても、日本製に限る（縛る）ことを意味する。

戦後賠償の一部が物納として実施され、その後の政府開発援助の始まりとなった歴史を持つ日本にとって、援助物資として日本製品を供与するのは自然なことと捉えられたであろう。一九九六年のＯＥＣＤによる日本の援助のレビュー（実施評価報告）によれば、一九七二年には日本のＯＤＡのアンタイド比率は二八％に過ぎない（つまり七二％がヒモ付きだった）とされて

いる。(8)

しかし援助受入国側から見ればヒモ付きによる資材調達先の限定は、非効率をもたらす制約でしかない。援助受入国が、援助供与国に限らず世界全体から最適な資材を安価に調達したいと考えるのは自然なので、ＯＥＣＤ／ＤＡＣにおいて、日本を含む加盟国全体にアンタイド比率の引き上げが求められた。この方向で対応を続けた結果、一九九三年には日本のアンタイド比率は八四％にまで高まり、他のＯＥＣＤ加盟国の値を上回った。これは日本の援助プロジェクトで必要な資材のうち八四％は調達先を日本企業に限定しないということを意味する。これは日本の関係省庁やＪＩＣＡ、そして二〇〇八年にＪＩＣＡに統合される前の海外経済協力基金（ＯＥＣＦ。援助の中でも貸出条件が受入国側に有利な融資〔円借款と呼ばれる〕を担当していた）の多大な努力によって達成されたものである。

しかしながら現状は、契約上は「日本企業に限定しない」とされていても、結果的に日本企業が受注する比率が高いということが、ＯＥＣＤに指摘されている。(9) 例えば二〇一七年には、契約上はアンタイドとされている日本の援助調達の約七〇％を日本企業が受注していた。制度的には日本企業に受注先が限定されていないにもかかわらず日本企業ばかり受注しているということは、制度の運用面で日本企業の受注を増やすような「透明なヒモ」（明示されていない契約慣行）が日本の援助プロジェクトを縛っていて、日本企業に受注しやすくさせているのではないか、と問われている。

プログラム援助の導入

投資支出原則や外貨原則、アンタイド化といった原則は一九六〇~七〇年代から採用されていた。それでも当時は多くの開発途上国に開発の成果が現れているように見えず、投資支出原則や外貨原則が、むしろODAの使途を狭めているために、失敗に終わるプロジェクトがあったのではないかとも考えられた。投資支出原則や外貨原則は、経常支出や内貨で調達可能な物資の購入を援助受入国が負担することを想定していた。ということは、援助受入国が経常支出や内貨分の支出を実行できなければ、そのプロジェクトは実現できないことになる。

そのような背景から徐々に増加したのが**ノン・プロジェクト援助**である。ノン・プロジェクト援助の代表例は**プログラム援助**と呼ばれる。これは援助対象を一つ一つのプロジェクトとするのではなく、個々のプロジェクトを包含する経済運営プログラム全体に対して援助を行うことである。

プログラム援助の中でも、一九八〇~九〇年代に広く用いられたのが、第1章で詳述した構造調整貸付(SAL)である。第二次石油ショックによって一九八〇年代に多額の公的債務を抱えた開発途上国は、債務の借り換えや返済免除を必要とするようになった。そしてこの債務の借り換えや返済免除は、援助供与国が借入分を肩代わりする形で実行された。「肩代わり」とは、援助受入国が返済すべき額を一時的に援助供与国が用立てる(借り換え)、または代わりに支払って債務を完済する（返済免除）ことを意味する。借り換えの場合には低利とはいえ債務が残るので、それをいずれ返済してもらうためには援助受入国の経済構造を変革しなければならない、と援助供与国側は考えた。そしてどの受入国にも共通の経済構造調整政策パッケージ（第1章3節で述べたワシントン・コンセンサスに基づく）をSAL借入国に受け入れさせた。

SALは、投資支出原則、外貨原則に制約されておらず、ヒモ付き援助のように物資の調達先を縛るものでもない。そのうえ、構造調整政策という援助供与国側から見れば穏当な経済政策が適用されるのであるから、SAL借入国の経済は好転すると期待された。

しかし構造調整政策は一般に経済引き締め的で、政府支出を抑制するものであったため、プログラム援助を受け入れた国々の中で、一九八〇年代に経済が好転して高成長を示したのは東アジアの国々ぐらいであった。対照的にサハラ以南アフリカの多くの国々は一九九〇年代に紛争を経験し、第2章の図2—1で示したように、貧困削減は滞った。

一九八九年にベルリンの壁が崩壊して東西ドイツが統一され、一九九一年にソ連も崩壊すると、中・東欧諸国やアジアの社会主義国も混乱した。そして社会主義体制を採用していた開発途上国を市場経済化するためにも、SALが用いられた。

ガバナンスとファンジビリティ

このように東アジアを例外として、それ以外の地域の開発途上国は一九八〇～九〇年代には押しなべて経済成長や貧困削減が停滞した。この間、SALのようなノン・プロジェクト援助や通常のプロジェクト援助もなされていたため、「援助を継続的にしているのに、どうして経済成長や貧困削減といった成果が上がらないのか」という疑問の声が上がった。

それに対して世界銀行が提示した回答は「政府開発援助が、直接的または間接的に、目的外の分野に流用されているから」ということであった[10]。直接的な流用は汚職や不正行為に当たることから、摘発されれば援助受入国でも援助供与国でも処罰の対象となる。間接的な流用とは例えて言えば、援助受入国政府が元々自前の資金を用いてでも実施しようとしていたプロジェクトが、援助を受けて実施することができることになった場合、援助受入国政府がそのプロジェクトに投じようとした資金が浮くので、それを他の分野に投入するということである。このような「間接的流用」は不法でも不正でもない。

この「間接的流用」がとりわけ問題となったのは、一九九〇年代に多かった紛争当事国政府に対して援助を行う場合、援助の対象が仮に経済インフラだったとしても、その援助がその政府に財政的余裕を与え、それが軍備支出の増加を間接的に支援しているかもしれないという懸念が生まれたためである。つまりどの分野に対してなされた援助であれ、援助受入国政府が「間接的に流用」する可能性はある、というわけである。このような政府開発援助の間接的流用の可能性は**ファンジビリティ**（fungibility）と呼ばれた。菌類は英語でファンガス（fungus）であり、援助の資金が菌類のように、（目的外の用途など）ここかしこに現れ出てしまう、という意味でなされた命名である。

当然のことながら直接的流用である汚職や不正も問題視された。しかしこれを「汚職や不正の問題」と位置付けると、援助受入国と援助供与国の間で摩擦が生まれてしまう。援助供与国や国際機関が援助受入国に対し「貴国では援助プロジェクトにまつわる汚職や不正が多いから、援助の効果が上がらない」と指摘したとすれば、援助受入国政府は反発するであろう。そこで「汚職や不正の問題」をより大きな「公共部門の非効率性」という課題の一部として捉えなおし、その課題を**ガバナンス**（governance）と呼んだ。

そもそもガバナンスという語の意味は、英語の「コントロール」に近い。国民のために存在する政府が、国民のために十分機能するように制御（コントロール）されていれば「ガバナンスが良い」と評価される。汚職や不正それ自体も問題であるが、公務員の給与が低く、勤労意欲が湧かなかったり、副業で働かざるを得なかったりする、といった様々な要因が公共部門の非効率性の背後にある。そこで援助受入国の公共部門の効率性を高める一環として規律を高め、全体として公共部門の国民に対するサービス水準を高めることが志向された。そして「ガバナンス支援」、「法制度整備支援」といったコンセプトで、開発途上国の公共部門強化のための援助が行われた。

ガバナンス支援として行われた日本の援助プロジェクトを例として挙げてみよう。筆者は二〇一一年度に外務省のＯＤＡ評価「貿易のための援助の評価」を評価チームの主任として担当

写真4―1　日本がベトナムに供与したX線貨物検査機　ホーチミン市のタンカンカトライ港の税関で用いられている（2011年11月7日撮影）

した。評価のためのケース・スタディ対象国の一つがベトナムであった。日本のベトナムに対する「貿易のための援助」の中には、ガバナンス支援の一部である「ホーチミン市タンカンカトライ港税関機能強化計画」が含まれていた。[11]

写真4―1は、日本がベトナムに対して供与したX線貨物検査機である。今まさにトラックがこのゲート型の検査機を通過しようとしている。そして写真4―2は、このX線貨物検査機をトラックが通過した際に、トラックのコンテナの中身を透視した画像を映したパソコンである。これらの設備は、時間の節約という観点から行政効率を上げることが目的とされている。しか

しそれと同時に、画像が電子的に記録されることから、税関審査に携わる行政官の裁量の余地が狭く、結果として汚職の防止につながる。また、先端技術を用いた設備の捜査に習熟することは、行政官のスキルや知識を高め、勤労意欲をも高めることに貢献する。このようなメカニズムを通じて、援助が受入国政府の行政の効率を高め、汚職を減らすと考えられた。

写真4―2　X線貨物検査機を用いたコンテナ透視検査（写真4―1と同日に撮影）

援助評価――PDCAサイクルとインパクト評価

ガバナンス改善に加えて、二一世紀に入ってから援助効果向上のためにより強化された政策手段が援助評価である。これは行政学と経済学の二つの分野から取り組みがなされた。

行政学の側からは新公共経営（New Public Management）という概念が提案され、それまで成果が測りにくいとされていた行政サービスの成果を測って、その成果の良し悪しに応じて行政のあり方の見直しを図ることが推奨された。成果を測るためには、新たな指標を開発したり、その指標の数値を得るためのデータを収集したりする努力がなされた。国際協力も行政の一環と位置付けられる。日本のＯＤＡは主として外務省によってなされているが、外務省以外の省庁もＯＤＡ予算を持っている。それらすべてが行政評価の対象となる。[12] また海外の主要な援助機関も評価を専門に担当する部署を備えている。

従来、国際協力は成功するのが当然で、仮に効果を発揮しないとなれば「税金の無駄使い」といった批判を受けた。しかし、他国において多くの人の関与の下になされる援助プロジェクトは、想定通りうまくいく場合と、想定外の問題が起こってうまくいかない場合とが生じるものである。「うまくいかない場合」があることを率直に認め、その経験から教訓を得て、次なる改善へと活かしていく、というのが本来あるべき姿である。計画・実行・評価・改善という一連の作業フローは**ＰＤＣＡサイクル**（Plan-Do-Check-Act Cycle）と呼ばれ、行政一般に用いられているが、このプロセスが政府開発援助にも援用されている。このような行政評価法を援助プロジェクト実施の一連のフローの中に組み入れることが、援助効果向上のために実行された。[13]

経済学からの援助評価の試みとしては、統計的手法を用いた**インパクト評価**がある。古典的なインパクト評価には、**事前・事後比較**（before-and-after comparison）や**実施・未実施比較**（with-and-without comparison）がある。事前・事後比較とは、例えば稲作の生産性向上のための技術移転プロジェクトがあったとしたら、そのプロジェクトの対象となった村のプロジェクト実施前の米の生産性を、実施後の生産性と比較して、高まっていれば援助プロジェクトの効果（インパクト）があった、とする方法である。

この評価方法には落とし穴があることが、図4―3から理解できる。この図では技術移転プロジェクトの対象となった村の稲の土地生産性が、技術移転前には一ヘクタール当たり一〇〇

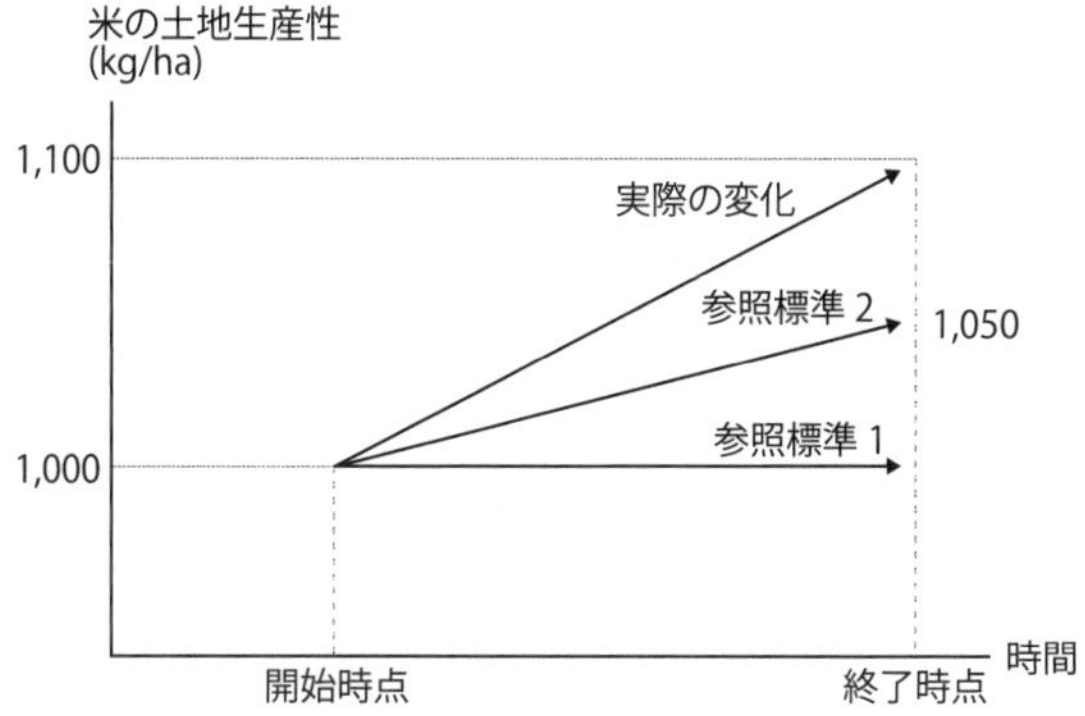

図4―3　援助プロジェクトのインパクト評価　出所：Gertler et al.（2016）の Figure 3.3 に加筆したもの

〇キロで、技術移転後には一一〇〇キロになったことを示している。これを事前・事後比較で単純に評価すると、技術移転プロジェクトは一〇〇キロ分だけの生産性向上効果を与えたように見える。しかし、例えばこの技術移転には一年の時間を要するとしよう。一年前と一年後では肥料や種子の改善があったかもしれない。つまり、技術移転以外にも米の生産性を高める効果がこの村に及んでいたかもしれないのである。仮にそれが正しいとすると、「一年後に、同じ村が技術移転を受けなかった場合」を比較の参照標準とすべきである。もし「一年後に、改善された肥料と種子を用いたけれども、技術移転は受けなかった場合」の生産性が一〇五〇キロだったとしたならば、技術移転による生産性上昇効果は一一〇〇キロから一〇五〇キロを差し引いて五〇キロとされるべきである。古典的な事

前・事後比較では比較対象となる参照標準が、暗黙裡《あんもくり》に技術移転前の一〇〇〇キロと想定されているが、理想的な参照標準は「一年後に起こるべき変化（肥料や種子の改善）をすべて反映したうえで、技術移転のみがなされていないケース」（参照標準２）なのである。

ところがこの問題への対処は容易ではない。というのは、「改善された肥料と種子のみが用いられ、技術移転は受けていない」状態というのは現実には起こっていないので、一〇五〇キロという生産性データは実際には観測されていないからである。このように参照標準として理想的であるが、実際には観察されていない状態は**仮想現実**（Counterfactual）と呼ばれている。

もう一つ古典的なインパクト評価方法として用いられてきたのは実施・未実施比較である。この方法は、先の例を用いると、技術移転プロジェクトを実施した村と実施しなかった村の米の土地生産性を比較するという方法である。この方法の評価上の問題点は、しばしば技術移転に適した村が選択的にプロジェクトの対象となる傾向にあることである。例えば幹線道路に近い村、灌漑設備の整った村、技術移転を受けるに適した人材がそろっている村が対象として選ばれやすいことは想像に難くない。例えばプロジェクトが初期の構想段階にあり、まずはパイロット・プロジェクトとして成功事例を生み出し、その後に一般的な村に対象を広げるといった想定だった場合、成功しそうな村を意図して選択するということがありうる。その場合、技術移転を行った村の米の生産性が行わなかった村より高かったとしても、それは物的インフラや人材の面で、プロジェクトが実施された村のほうが、実施されなかった村より元々有利だったことのみによるかもしれないのである。そうであれば、プロジェクトが実施された村と実施されなかった村を比較しても、そのプロジェクトの真の効果は検出できない。

このように事前・事後比較も実施・未実施比較もそれぞれの問題を抱えている。これを解決するためには、構成や条件が似通っていて「ほぼ同一」と見なすことができる二つの村に対して、一方にはプロジェクトを実施し、もう一方にはプロジェクトを実施しない、という状況を作り出して、それら二つの村のプロジェクト実施前と実施後の成果を比較する必要がある。例えば非常に似通ったA村とB村のうちA村には技術移転を実施し、B村には実施しなくて、A村の米の生産性が一〇〇〇キロから一一〇〇キロに増加し、B村では一〇〇〇キロから一〇五〇キロに増加したとする（図4―3の参照標準2）。もしそうならば、両者の値の差に相当する五〇キロを技術移転による生産性の伸び（＝プロジェクトによる真の効果）と解釈し、一〇〇〇キロと一〇五〇キロの差の五〇キロは、技術移転以外の環境要因によって変化したと見なすのである。

このA村とB村の事前・事後比較は、実際にいくつかの方法で実施可能である。非常に多数の村の米の生産性データが得られていて、その中にプロジェクトが実施された村と実施されなかった村が多く含まれており、実施されなかった村と実施された村の中で物的インフラや人材などの環境要因が似通った村が複数含まれていたとすれば、実施された村々をA群（治験群と呼ばれる）、されなかった村々をB群（対照群）と定めて、事前・事後の生産性を比較することにより技術移転の（真の）効果を析出できる。これを**マッチング法**という。

また環境要因の効果がすべての村で同じだと仮定すれば、実施・未実施比較と事前・事後比較を組み合わせることによりプロジェクトの効果を検出することもできる。具体的には、プロジェクトを実施した村の事前・事後の生産性の差と、プロジェクトを実施しなかった村の事前・事後の生産性の差を比較する（つまり［1,100－1,000］－［1,050－1,000］＝50）ことによってプロジェクト実施の真の効果を測ることができる。この方法は**二重差分法**（**Difference-in-Difference**）と呼ばれている。

三つ目のアプローチは**ランダム化比較実験**（randomized controlled trial：RCT）と呼ばれる。マッチング法では「既に集められたデータの中から似通ったA群とB群を選ぶ」のが最初のステップであるが、完全に同一の村など世の中には存在しない。そこでランダム化比較実験法では、意図的に類似の二つの集団を作り出すことから始める。一つの集団の中から無作為に評価対象となる個人や村を抽出し、統計的に似通ったA群とB群を意図的に作成する。そしてA群にはプロジェクトを実施し、B群には実施しない。これによってA群の成果がB群の成果より（統計的に）明らかに上回っていたら、プロジェクトの効果はあったと判断するのである。この手法では、あらかじめほぼ同一と見なすことができるA群とB群が形成されているため、プロジェクト実施以外の外的要因の効果は消し去られているので、顕在化した成果の違いはすべてプロジェクト実施の有無に帰される、と解釈できるのである。

二〇一九年に妻のデュフロと共にノーベル経済学賞を受賞したバナジーは、古典的な手法で行われたインパクト評価は全く信頼できず、RCT等の新しい手法でインパクト評価を行うべきことを強く主張した。[14] 実際、バナジーとデュフロらは数多くの援助プロジェクトに対して新しいタイプのインパクト評価を行い、その成果を学術論文のみならず一般書の形でも出版している。[15] これら新しい評価手法は統計的手法を用いるために多くのサンプル（個人や村）を必要とする。したがって教育（サンプルが生徒や学校）、保健（サンプルが患者や病院）、農業（サンプルが農家や村）には向いているが、より大きい単位を対象とした財政金融政策や貿易政策（サンプルが国）の評価には向いていない。[16] 国などの大きな行政単位を対象としてこれらの統計的手法を適用できるのは、歴史の偶然として「二つの似通った社会があり、そのうち一つが介入（例として植民地化政策等が挙げられる）を受け、他方は受けなかった」といったようなケースにのみ適用可能であり、このような歴史の偶然に基づく比較は**自然実験**と呼ばれている。[17]

援助効果向上のための援助協調

学術の世界でインパクト評価が開発経済学の主流となっている間に、実務の世界では国際協力の実施方法の再編成が進められた。

第1章4節で述べたように、二〇〇〇年にミレニアム開発目標が設定され、貧困削減に代表される八つの目標とそれらの達成指標としての数値目標が掲げられた。一九九〇年代はアフリカでは紛争が続き、HIV／エイズの感染も広まっていた。旧ユーゴスラビアの一〇年にわたる紛争や、一九九一年のソ連崩壊に続く中・東欧諸国の混乱、そして一九九七年のアジア通貨危機に象徴されるように、一九九〇年代の世界には閉塞感が充満していた。その状況を新世紀に打開するには、ミレニアム開発目標や貧困削減といった高い理想に加えて、それを実現するための方法の刷新も求められた。国際協力の世界における打開策は**援助協調**（**aid coordination**）であった。[18]

援助協調とは、数ある援助供与国・機関が、それら全体としての援助の効果を高めるために協調していこうとする取り組みを指している。政府開発援助は援助国・機関と受入国の一対一関係をベースにしており、例えば日本からバングラデシュへの援助であれば、日本政府からバングラデシュ政府に援助を供与するということになる。その援助は日本とバングラデシュの国会でそれぞれ承認を受け、会計検査もそれぞれの国ごとに行われる。そうすると、バングラデシュの行政制度のみならず、日本の行政制度（外務省、その他省庁、JICAなど）の制度的枠組みに則って実施される必要がある。しかしバングラデシュは日本だけでなく、イギリスやEU、アメリカ、世界銀行、アジア開発銀行等々からも政府開発援助を得ている。そしてそれらの援助供与国・機関（ドナー）すべてがそれぞれに異なる内部処理制度（計画、実施決済、業者選定、支出実行、検査等）を持っているので、バングラデシュはそれら異なるドナーの異なる制度に合わせてバングラデシュ政府側の内部処理を行う必要がある。これはドナーが増えれば増えるほど膨張する**取引費用**（transaction cost）と言える。近年、NGOや公益団体もその存在感を高めているので、それらも含めるとバングラデシュ側の取引費用（ドナーに対応する職員の人件費等）は膨大なものとなる。このようにドナーの数の膨張によって援助受入国側の取引費用が増加する問題を**援助の集中砲火**（aid bombardment）と呼ぶ[19]。

ミレニアム開発目標が設定された二〇〇〇年には、主要なドナーのほとんどがOECD／DACに加盟していた。またDAC加盟国によるODAが開発途上国への公的資金流入のほとんどを占めていた。この状況は二〇〇〇年代後半に、中国をはじめとする非DACドナーが台頭することで大きく変化する。しかしそれまでは、DACでの合意は、援助供与国・機関全体の合意を意味していた。

DACは一九九〇年代に開発途上国の開発が停滞し貧困削減が進展しなかった理由の一つを、国際協力が供与国・機関ごとにばらばらになされており、支援が重複したり、タイミングがずれたり、またそれによって本来必要な部門に支援が回らないといったドナー間の支援の調整不足にあると考えた。この調整不足が「援助の集中砲火」問題の根本にある。元来、二国間の政府開発援助には、直接間接に援助供与国の国益が目的の一部として込められるのが常である。しかし援助供与国の国益は、政府開発援助においてあくまでも副次的に満たされるべきものであって、より優先されるべきは援助受入国の福祉向上や貧困削減だというのが建前である。援助協調はまず第一に、DAC加盟国の政府開発援助の目的を、その建前である援助受入国の社

表4—1　パリ宣言における援助効果向上のための5原則

1．オーナーシップ（Ownership）：援助受入国が、開発戦略の策定と実施についてリーダーシップを発揮し、援助供与国・機関等はそれを支援すること。
2．アラインメント（Alignment）：援助供与国・機関等による援助の実施制度・手続きを、援助受入国の制度・手続きに合致させること。
3．ハーモナイゼーション（Harmonization）：援助供与国・機関等が、互いの支援の重複を避けるためにそれぞれの事業を調整し、手続きの簡素化、共通化を図ること。
4．成果主義の採用（Managing for Results）：援助受入国、援助供与国・機関等がともに、開発援助による成果が上がっているかどうかを監視し、実績を上げるよう取り組むこと。
5．相互説明責任（Mutual Accountability）：援助受入国、援助供与国・機関等がともに開発成果に対する説明責任を果たすこと。

出所：OECD（2005）

会開発や貧困削減に統一することを求めた。これによってDACは、新ミレニアム初期の国際協力に高い理想主義を掲げたと言える。

貧困削減という高い理想を追求するため、DAC加盟国の政府開発援助は統一的に整理される必要があった。ドナー間の役割分担を明確化、透明化し、援助受入国が負わなければならない費用も最小化することが指向された。これらの方針により、援助の効果を上げることが試みられたのである。

その具体的な取り組みとしてDACは二〇〇五年に「援助効果向上に関するハイレベル・フォーラム」をパリで開催し、表4—1に示したような五原則を採択した。後に「**パリ宣言**」として知られるようになるこれらの原則は、DAC加盟国の援助協調の方針を明確にしたものである[20]。

第一原則は**オーナーシップ**と題している。これは国際協力は援助受入国のために受入国主導でなされるべきことを宣言している。前述のように、援助する側もその構成員（日本であれば日本国民、国際機関であれば加盟国、NGOであれば会員）に対する**説明責任**（accountability）を負っている。援助する側の構成員（しばしばステークホルダーとも呼ばれる）が国際協力に込める意図や目的は、援助を受ける側の人々が国際協力に込める意図や目的と完全に一致しないのが普通である。そのような場合でも、援助を受ける側の人々の意図や目的を優先させるというのが、このオーナーシップ原則の意味するところである。

第二原則の**アラインメント**とは、援助する側の制度や手続きを、援助を受ける側の制度や手続きに、できるだけ合わせることである。援助の集中砲火という問題は、従来、援助を受ける側の開発途上国がドナーの制度や手続きに合わせなければならなかった事情に端を発している。アラインメント原則はその関係を逆転させ、ドナー側が調整コストを負うことを意味している。

アラインメントが援助受入国と供与国の縦関係の効率化を指向していたのに対して、第三原則の**ハーモナイゼーション**は、ドナー同士の横関係の効率化を意図している。多くのドナーが同一の制度・手続きを採用する、またはいくつかのプロセス（計画、評価、会計検査等）を一緒に行えば、援助受入国の手間が省けることになる。

第四原則の**成果主義の採用**は、既にミレニアム開発目標に採用されているものである。いくら使ったか、どれだけ人員を投入したかといったインプットではなく、それらによってどんな成果が上がったかをより重視すべきだとしている。

第五原則の**相互説明責任**は、国際協力の目的や決定プロセス、実施状況、成果の有無といったすべてが援助受入国の人々と供与国・機関の関係者に公開されるべきだとする原則である。目的外使用されることがないように、市民社会を含むすべての人々が監視可能な制度にすることを求めている。

これらの原則を実際に適用するために、国際協力の方法が二〇〇〇年代後半に大きく変化した。それまでは援助実施のプロセスが「援助受入国とドナー」の一対一関係でのみ行われていたのに対して、パリ宣言後は「援助受入国とドナー群」の一対多の関係となった。

まず第1章で紹介した各援助受入国が作成した**貧困削減戦略文書**（PRSP）という開発計画に基づいて、各ドナーがどのように支援を行うかをCG会合（Consultative Group Meeting）で議論する。多くの場合CG会合は援助受入国内で、受入国政府が主催して開催され、援助供与国の大使や、世界銀行やアジア開発銀行、そして国連機関などの現地代表が参加する。CG会合が定期的に開催されることで、ドナーのトップ同士の意思疎通がなされる。また大使館や実施機関（日本ではJICA等）の現地責任者や担当者が、その開発途上国で何が重視され、ドナー間でどのような役割分担がなされているのかを知ることになる。

次に、教育や保健、水管理、マクロ経済といった分野（セクター）ごとでもセクター会合が開催され、ドナーの担当者と援助受入国の担当者の情報共有・意見交換が促進される。例えば教育のセクター会合であれば、援助受入国の教育省が主催し、各ドナーの教育関連担当者や実施機関の教育関連プロジェクト担当者が参加する、という仕組みである。これによって教育や保健、水道、マクロ経済などに関するドナーの専門家が他のドナーの同じ分野の専門家と面識を持ち、情報交換することが可能となった。このように分野ごとに援助供与国・機関の関係を強めることによって、全体としての援助効果を高める方式を**セクター・ワイド・アプローチ**と呼ぶ(21)。

また資金投入についてもアラインメントやハーモナイゼーションを高める方法が模索された。アラインメントを高める目的で採用されたのが**財政支援**（budget support）と呼ばれるノン・プロジェクト援助である。プロジェクト援助が、まず必要なプロジェクトを特定し、そのプロジェクト実施のために必要な支出を積算して計上されるのに対して、財政支援は細かい資金の使途を特定せず、大枠の総額を定めて受入国の中央政府の予算に投入する。受入国政府は比較的大きな自由度をもってこの予算から支出することができる。援助受入国主導で、受入国政府の制度に基づいて支援を行うという意味では、オーナーシップ原則やアラインメント原則に沿っている。財政支援にはセクターを特定しない一般財政支援と、教育や保健といった分野を特定するセクター財政支援とがある。財政支援は使途を特定しないだけに目的外使用（ファンジビリティ）の恐れがある。そのようなことがないように、財政支援をするドナーが受入国政府との対話を深め、支出プロセスや支出した結果として貧困削減等の成果が上がったかどうかを確認する必要がある。

　財政支援にハーモナイゼーション原則の要素を加えたのが**コモン・バスケット**である。コモン・バスケットは、財政支援を複数のドナーが一緒に行うもので、一つの銀行口座に複数のドナーが財政支援の資金を集めて、援助受入国政府に供与する。コモン・バスケットに参加するドナーは、かなりの程度の意思統一ができる国・機関同士（EU加盟国など）でなければ、後々運営方針をめぐって食い違った際に意見調整に困難が生じる可能性が高い。

　そもそも日本のような援助供与国が援助協調を円滑に行うためには、援助受入国政府についてのみならず、他の援助供与国・機関において誰がどのような方針で援助を行っているかといったことについて熟知し、どのドナーと組めば自分たちの意見が通りやすいとか、どのドナーが自分たちの意見に反対する可能性が高いといった配慮をする必要がある。EUに加盟しているヨーロッパのドナーは、EU全体の国際協力方針を立てるプロセスにおいて、そういった意見調整に慣れている。したがってEUの国々でなされた合意形成をアメリカや日本に広げさえすればDAC加盟国の合意形成ができるという意味で、援助協調を実施するハードルが低い、と言える。しかし日本やアメリカは、DAC加盟のヨーロッパ諸国をすべて説得しなければ意見を通せないことから、援助協調の困難をより強く感じていたと思われる。両国はODAの規模が大きく、単独で援助受入国と相対したほうが強い交渉力を発揮することができる場合もあったので、援助協調の潮流からは離れがちで、二〇〇八年のガーナのアクラで開催された第三回「援助効果向上に関するハイレベル・フォーラム」では両国と他のDAC加盟国の意見の相違が際立ったと報道された[22]。

二一世紀の最初の一〇年は、全体の目標としてはミレニアム開発目標があり、ドナー側の新方針としては援助協調がなされたこともあって、第2章で示したように、サハラ以南アフリカを含めた世界全体の貧困削減が、目に見えて進展した時期であった。国際社会がまとまって、貧困削減という理想に向かって進んでいった一〇年だったと言える。

4―3　中国のプレゼンス拡大とドナー関係再編

イギリスの政権交代と援助協調の退潮

しかしミレニアム開発目標の対象期間であったにもかかわらず、二〇一〇年代に入ると、国際社会全体で貧困削減を追求しようとする理想主義は退潮していく。その理由の一つはDACでの援助協調の動きの牽引役だったイギリスの政権交代である。

イギリスは労働党が政権を取った一九九七年、新たに国際開発省（Department for International Development：DFID）を設立して国際開発大臣を任命し、国際協力を重視する姿勢を鮮明にした。二〇〇二年に国際開発法（International Development Act 2002）を制定し、「イギリスが行う国際開発は（国益のためではなく）世界の貧困削減のためになされる」ということを宣言した。[23] 労働党政権下でイギリスは、ＤＡＣにおける援助協調に積極的であった。おそらく多くの人々の記憶に鮮明なのは、二〇〇四年一二月二六日に発生したインド洋スマトラ沖大地震による地震・津波被害の翌年のＧ８（当時はロシアが入っていた）の議長国としてイギリスはグレンイーグルス・サミットを実施し、市民社会主導の「グローバルな貧困根絶キャンペーン」（日本では「ほっとけない世界のまずしさ」として実施）と連動させることによって、世界の貧困削減を若者の間に浸透させることにも貢献したことであろう。

そのイギリスで二〇一〇年に労働党から保守党への政権交代があり、イギリスの国際開発に対するスタンスが大きく変化することになる。二〇一二年に国際開発大臣となったグリーニングは二〇一三年のスピーチで、その後のイギリスの国際協力が、イギリス企業の開発途上国投資をも目的としていくことを明らかにした。[24] ＤＦＩＤも二〇二〇年に外務・英連邦省に統合され、イギリスが国際協力を、イギリスの国益に資するための施策と位置付けるという姿勢が明確にされた。イギリスは労働党政権下では国際開発省を外務省から独立した省とし、保守党政権下では外務省の一部とするという対応が通例となっていたが、それにしてもこのイギリスの転向はＤＡＣの方向転換に大きく寄与したと思われる。

二〇一一年に韓国の釜山《プサン》で開催された第四回「援助効果向上に関するハイレベル・フォーラム」においては、**援助効果**（Aid Effectiveness）ではなく、新たに**開発効果**（Development Effectiveness）という概念を用いることが提唱された。開発効果とは、国際開発のためのインプットとして、ドナーによる政府開発援助のみならず、民間資金や開発途上国自身が自国民への徴税等により自前で調達する資金も含め、すべての利用可能な資源を用いて開発を達成する効果を意味している。[25]この概念で「援助効果」という概念を代替するということは、DACドナーが国際開発を進める主力としての自らの地位を後退させ、民間企業やDAC加盟国以外の国々の役割を高めることを認めるということを意味する。実際にDACが譲位する決心を促すだけの国際協力の大きな構造変化を、中国をはじめとする新興・再興ドナーが起こしていた。

中国の開発途上国支援の拡大

二一世紀に入って、いわゆる西側先進国以外の中東諸国やBRICSと総称されるブラジル（B）、ロシア（R）、インド（I）、中国（C）、南アフリカ（S）といった国々が経済規模を拡大した結果として、これらの国々から他の開発途上国に対する国際協力が目立つようになった。なかでも中国は二〇一〇年代後半にかけて、欧米と比肩するほどの規模の国際協力を行うようになった。[26]

中国はその国際協力を「対外援助」と呼び、その内訳はDACが定義する政府開発援助（ODA）とは異なっている。中国の定義する対外援助にはDACが定義するODAよりも返済利子率が高い商業融資が含まれており、中国の対外援助をDAC加盟国のODAと単純に比較することはできない。[27]そこでJICA研究所（現在は、JICA緒方貞子平和開発研究所）の所長を務めていた北野尚宏《きたのなおひろ》と同僚の原田幸憲《はらだゆきのり》は、二〇一六年に出版した論文の中で、中国の対外援助の中からDACが定義するODAに該当する案件を抽出し、DACの定義に基づく「中国のODA」を推計した。彼らの推計によれば、返済不要の無償援助や技術協力、そして市場実勢レートよりかなり低い利子率を適用する借款（融資の意）で構成されるODAに限定すると、二〇一三年の中国のODAは七〇億ドル程度であり、同年に三一三億ドルを計上したアメリカや、一〇〇億～二〇〇億ドルを拠出したイギリス、ドイツ、日本、フランスに次ぐ世界第六位のODA供与国ということになる。(28)

しかし中国の対外援助の本質は、無償援助や低利融資にあるのではなく、商業借款に近い融資条件で多額を用立てる点であることが、アメリカのウィリアム・アンド・メアリー大学の研究によって明らかになっている。この大学の研究チームはエイド・データ（Aid Data: https://www.aiddata.org/）というサイトを立ち上げ、独自のデータを収集・分析・公開している。エイド・データが収集したデータの中でも際立っているのが、中国の援助に関する情報である。二〇二一年に公開したレポートでは、独自に収集した一万三四二七の中国援助プロジェクトの情報を分析することにより、二〇〇〇～二〇一七年の中国の開発途上国への資金供与が、主要先進7ヵ国（G7）の資金供与の総額と比肩しうる額であることを示した。(29)表4―2が示すように、中国のODAの額はG7の一〇分の一以下であるものの、「その他政府資金（Other Official Flows：OOF）」の累計額（二〇〇〇～二〇一七年）は六八二〇億ドルに達し、アメリカや日本を含む主要先進7ヵ国の累計額の六〇一〇億ドルを凌駕《りょうが》している。またODAとOOF等を合わせた総額は八四三〇億ドルとなり（表には示していないが）アメリカ一ヵ国の約六三〇〇億ドルを超えている。このことから中国は、開発途上国への公的資金供給者として、既に世界最大と言える。

表4―2　G7諸国と中国のODA、OOF（その他政府資金）比較（2000～2017年の累積額）

	ODA	その他政府資金（OOF）	不明	計
G7	1,217	601	0	1,818
中国	101	682	60	843

注：単位は10億米ドル
出所：Malik et al.（2021）の図 Figure A―4 より

ここで説明しておかなければならないのはOOFが何を意味しているかである。OOFとは、公的金融機関が供与する融資の中で、借り手への優遇の度合いが小さく、開発途上国が民間金融機関から商業的に調達する際の融資条件に近い融資を指している。優遇の度合いが小さいのでODAが定義する政府開発援助には含まれないのである。

表4―3にエイド・データによる中国の融資案件の融資条件の平均値と、その比較対象として、日本のODAの一部であり、JICAが扱っている円借款（円建ての融資）の融資条件を示した。日本の円借款の融資条件は公開されており、低所得国にはより広範な優遇条件（低い利子率、長い償還期間、長い据置期間）が提示されている。これは支払利子が少なく、返済に時間を使うことができ（長い償還期間）、しかもその返済の始まるタイミングが遅い（長い据置期間）ことを意味する。具体的には、利子率として年間

表4―3　中国と日本の開発途上国への融資条件比較

	貸出主体／形態	金利(%)	償還期間(年)	うち据置期間(年)
中国	商務部(Ministry of Commerce)	0.0	19.7	8.6
	中国輸出入銀行(Export-Import Bank of China)	3.2	17.0	2.9
	国家開発銀行(China Development Bank)	5.3	11.5	1.2
	その他国有商業銀行	4.3	10.1	1.0
	国有の政策・商業銀行間のコンソーシアム	4.9	12.2	2.2
	その他国有企業	2.9	9.1	0.3
日本	円借款：LDCかつ貧困国の条件を満たす国々	0.01	40	10
	円借款：中進国以上（一般条件、固定金利）	1.45	30	10

注：中国の融資についての数値はすべてMalik et al.（2021）における調査対象融資案件の平均値である（ただし融資額による加重平均）。これに対して日本の円借款についての数値は、JICAが公表している融資条件である。LDCはLeast Developed Countriesの略で、国連が定める低所得国分類の一つである

出所：中国についてはMalik et al.（2021）のTable 7。日本については、以下のJICAのサイト：https://www.jica.go.jp/activities/schemes/finance_co/about/standard/index.html

〇・〇一%、償還期間が四〇年、そして返済を始めるのは一〇年後からでよい、ということになる。中進国以上に分類される国々には、より優遇が弱められており、利子率は一・四五%に上がり、三〇年で完済することが求められる。

これに対して、中国の融資はどうだろうか。中国ではODAが主に国務院の商務部で扱われている。(30)商務部が扱う融資は無利子なので金利は〇%と優遇の度合いが高いが、償還期間は平均二〇年で、融資後（平

均）八・六年経過してから返済が始まる。これは日本の円借款の償還期間（LDCかつ貧困国には四〇年、中進国以上には三〇年）と比較すると厳しい条件である。また表4―3からは、中国の政策金融の担い手である中国輸出入銀行や国家開発銀行の融資条件も、円借款と比較すると借り手への優遇の度合いが低いことが分かる。中国輸出入銀行の平均金利が三・二％、国家開発銀行は五・三％である。エイド・データはそれ以外の公的金融機関や国有企業による開発途上国への融資条件の平均値も表4―3のように示している。それらはいずれも円借款よりも借り手にとっての条件が厳しく、したがって一般の金融市場から資金調達する際の条件のほうに近いものとなっている。

まとめて言えば、中国政府による開発途上国への公的資金供与は、融資条件は比較的厳しいものの、規模が大きいという特徴がある。

中国による援助は「果実」か「罠」か？

このような中国の対外援助は、開発途上国政府やそれらの国の人々に歓迎されているのだろうか、それとも融資条件が厳しいがゆえに歓迎されていないのだろうか。

全体として中国による協力は、開発途上国の政府にも人々にも歓迎されていると言える。ザンビア出身のエコノミストであるモヨはその著書『援助じゃアフリカは発展しない』の中に「中国人は朋友《ほうゆう》なり」という章を設けており、中国による援助が欧米や日本の援助を代替した

写真４－３　ナイジェリアの最大商業都市ラゴスに立地した中国製品市場「中国商城」　ナイジェリアと中国の国旗がはためいている（2014年２月16日撮影）

り補完したりする役割を果たすことによって、アフリカ諸国にとっての選択肢が増えることを高く評価している[31]。また長年アフリカを研究してきたブローティガムは、中国のアフリカ援助は「龍による果実」であると表現し、中国（龍になぞらえている）の援助は「実を結んでいる」と評価している[32]。融資条件が比較的厳しかったとしても、それは全く融資がないよりましである。ましてやその額が多額であれば、アフリカ諸国が中国の援助を歓迎するのも無理はない。

一方、中国の援助は中国自体の発展のための世界戦略「一帯一路」の一環として実施されており、中国と相手国の「ウィン・ウィン」（互恵）を謳《うた》いつつも、中国側の「ウィン」が相手側の「ウィン」と比較して非常に大きいのではないか、との見方がある。一帯一路とは、紀元前から中国とヨーロッパをつなぎ、両者の交易や文化技術交流の経路となってきたシルクロードの現代版として、中国とヨーロッパを結ぶ陸路（一帯）と海路（一路）から構成される発展経路である。二〇一三年に打ち出された一帯一路構想は、中国とヨーロッパの間に位置するアジアやアフリカ、ヨーロッパの国々に対する中国の対外援助や投資をも包含していることから、中国の発展戦略として理解されている。

（債務の罠）　前述のように中国の援助は融資が中心である。そして「融資には、罠が仕掛けられている」という解釈もある。というのは、いくつかの融資契約の中に、当該プロジェクトに関する債務返済が滞った場合、援助受入国の担保物件を貸し手である中国政府が差し押さえる、といった条項が入っており、実際に「差し押さえ」的な処置が実行された例が現れたからである。具体的には二〇一五年にパキスタンのグアダル港の四三年間の運営権が、二〇一七年にはスリランカのハンバントタ港の九九年間の運営権が、それぞれ中国に与えられることとなった。これらの港は軍事的な安全保障上の役割も持ちうることから、「そもそもこれらの港の運営権を手にするための罠として、援助がなされたのではないか」と疑われたのである。

一般の民間企業同士の融資契約において担保物件が設定され、債務不履行の場合にその物件が抵当として債権者に差し押さえられるのは普通のことであり、違法ではない。しかしそれが国と国の間の融資契約に盛り込まれるのは稀である。というのは第一に、一国内の融資契約と異なり、国際的な融資契約においては、債務不履行の場合の差し押さえ等の履行強制制度が弱いからである。例えばスリランカの債務返済が滞ったことを理由に中国がスリランカの港を差し押さえようとしても、スリランカの軍や警察が港を引き渡さなければ、運営権の譲渡は実現しない。それを強制するような世界的な警察・司法制度は現代世界において弱いので、そもそも「債務不履行時の運営権の譲渡」を契約に盛り込んだところで、（通常の場合）実現性は低いのである。

第二の問題として、融資を受けた債務国は通常複数の援助供与国・機関からも融資を受けているので、中国の融資した債務返済が滞るということは、同時に他の援助供与国の債務返済も滞るということを意味する。このような債務危機は多くの援助受入国に関して過去に何度も起こっているので、融資を行った債権国は、いずれかの国が抜け駆けしてその国だけ債務返済を確保するといったような無秩序を避けるために、ある国が債務不履行に陥った場合には、債務を共同管理するグループを構成している。このグループは**パリ・クラブ**（**Paris Club**）と呼ばれる。パリ・クラブには主要DAC加盟国が入っているが、中国は入っていないので、債務危機に陥った開発途上国が、中国を優先して返済を行い、パリ・クラブ加盟国が割を食う（返済を受けられない）ということがありうる。例えばザンビアは二〇二〇年一一月に公的債務の利子返済が不能となり債務不履行となった。ザンビアが有している一五〇億ドルの債務のうち、六〇億ドルが中国による債務と考えられている。ザンビアの大統領は「債務返済において中国を優遇することはない」と発言したが[33]、実際には中国はパリ・クラブに入っていないので、他の債権国と合意を取りつつザンビアの債務返済を進めるプロセスが定まらないのである（後述）。

中国の融資契約の特徴

実際に中国がどのような融資条件を援助受入国に対して課しているのか、ということはつい最近まで窺《うかが》い知ることが難しかった。しかし前述のエイド・データ研究チームが「二〇〇〇年から二〇二〇年までに中国とアジア、アフリカ、東ヨーロッパ、ラテンアメリカ、大洋州などの開発途上国の間で結ばれた一〇〇の融資契約」を集め、その特徴をレポートとして公表した(34)。エイド・データは、レポートそれ自体に加え、分析に用いた中国と融資受入国の間の一〇〇の契約書の原文も公開している。中国が開発途上国に対して行った融資契約は同期間に二〇〇〇を超えると考えられている。そのうちの一〇〇しか分析対象にできなかった、という見方もできるが、それまでの中国の対外援助分析がごくごく少ない数の融資案件を対象にしたものに過ぎなかったことを考えると、これは大きな成果であると言える。

このレポートでは、中国の融資がどれだけ特異かを検討するために、一四二に及ぶ中国以外の国・国際機関が貸し手となった、同種の融資プロジェクトの融資条件と比較している。特に、中部アフリカに位置するカメルーンが多くの融資契約を一般公開していることに着目し、カメルーンが世界銀行やアフリカ開発銀行、フランス開発庁、イスラム開発銀行、ＪＩＣＡなどから受けた融資を比較対象として採用している。

その結果として表４―４のような結論を得ている。まず中国の融資契約は、他の援助機関の

表4－4　中国の開発途上国への融資の特徴

1．	**多くの機密条項**：中国の融資契約は、他の債権国の融資契約と比較し、より多くの機密条項を含んでいる。当該債務の存在さえ機密事項に入れられている場合がある。
2．	**他の債権者より優先して債務支払いを受ける工夫**：債務国が債務不履行に陥った場合に、（パリ・クラブが行うような）他の債権国と共同での債務再建に参加することを避け、中国への債務支払いを優先するための仕組みを導入していることが多い。具体的には、中国への支払いのための特別口座を設定させ、その口座にプロジェクトからの収入を保管させ、債務不履行の場合にはその特別口座から返済をさせる、という方法がある。

出所：Gelpern et al.（2021）

融資と比較して、より多くの機密事項を設定している。その融資の存在自体が機密とされ、援助受入国政府が国民に公開できないことさえある。援助の透明性は低いと言わざるを得ない。

第二に、仮に援助受入国が債務不履行の状態に陥った場合に、他の援助国・機関と共同歩調を取ってその国の債務の再編成をするのではなく、中国への債務支払いだけは確保するような条件を設定する傾向にある。具体的には、中国への返済のための資金を積み立てる特別口座を設定する慣行がある。例えば高速道路プロジェクトに融資したとするならば、その通行料金をその口座に積み立てて、中国への債務返済に充てるために準備しておく、というわけである。

前述のパキスタンのグアダル港やスリランカのハンバントタ港の場合には、港の運営を中国が担うことによって、その収入を債務返済に充てる、ということになる。中国の援助プロジェクトのほとんどは、その資材や作業をすべて中国企業が請け負っている。本章2節で述べたように、日本の援助プロジェクトも「すべて日本企業が担う」傾向があったのだが、そのような方式はヒモ付き援助であるとして批判を受け、今ではそのような傾向が弱まり、国際入札が請負企業決定の主な方法となっている。しかし中国はDAC加盟国ではないので、そういった批判を受ける機会がなく、例えば一つの港の敷地全部を中国企業の共同管理下に置くことが可能になる。そうするとパキスタンやスリランカといった援助受入国政府職員さえその敷地に自由に立ち入れない状況を作り出しうる。このような事情によって、援助受入国の安全保障をも左右する重要インフラが、中国の管理の下に置かれるということが可能になったのである。

中国側に言わせれば、他国の港のような重要インフラを担保として管理下に置くことも「すべて契約書に書いてある通り」ということになるであろう。しかし多くの開発途上国は第二次世界大戦後に独立してから何度かの債務不履行を経験し、その都度、公開の協議のうえで債務再編がなされることを経験している。したがって「債務不履行になっても、その後の対処は交渉次第」という認識を持っているように思える。実際、南ヨーロッパに位置するモンテネグロは、二〇一四年に高速道路建設のために高額の融資を中国輸出入銀行から受けたのであるが、二〇二一年には債務返済に窮し、EUに対して債務返済の肩代わりを求めている。[35] 前述のザンビアの例でも明らかなように、中国による融資と他の援助国・機関による融資の関係の整理が、現在の開発金融の大きな課題となっている。中国はパリ・クラブには入っていないものの、他の債権国と協調して債務国の債務再編に応じる動きが見られる。二〇二二年九月に、中国輸出入銀行と国家開発銀行がエクアドルの債務支払い期限延長、利子率引き下げに応じたと報じられている。[36] 今後中国が、他の債務国に対しても同様の債務再編に応じていくのかが注目される。

中国主導の多国間協力――AIIB、NDB

中国の開発途上国への資金協力には、「一帯一路」に象徴される二国間協力に加えて多国間協力がある。多国間協力も形態として贈与、融資、技術協力に大別されるが、国連が担っているのは主に贈与と技術協力であり、融資は世界銀行（長期資金融資）、国際通貨基金（IMF：短期資金融資）、アジア開発銀行（ADB）、米州開発銀行、アフリカ開発銀行等が担っている。これらを総称して国際開発金融機関と呼ぶ。国際開発金融機関の経営管理体制は、資金の出し手によって強くコントロールされており、世界銀行の総裁はアメリカが指名し、IMFの総裁はEUが指名し、ADBの総裁は日本が指名するという手続きが慣例化されている。そういった国際開発金融体制の環境下で、開発金融面での国際貢献への意欲を高めた中国は、自国が主導権を握ることのできる国際金融機関を二〇一五年、二〇一六年に相次いで設立した。

二〇一五年に上海《シャンハイ》を本部として設立されたのは**新開発銀行**（New Development Bank：NDB）である。NDBは設立前の段階ではBRICS銀行とも呼ばれた。というのは新興国として世界的に大きな役割を果たすようになったブラジル、ロシア、インド、中国、南アフリカが、二〇一一年にこれらの国々の首脳によるサミットを開催するようになり（南アフリカを除く四ヵ国によるサミットは二〇〇九年初開催）、五ヵ国間の大きな資金需要に応える金融機関の設立の意義が確認されたからである。

表4―5　中国の多国間開発銀行の融資規模

	2020年融資約束額（単位：10億ドル）
世界銀行グループ	83.6
アジア開発銀行（ADB）	31.6
アフリカ開発銀行グループ（AfDB）	6.0
アジアインフラ投資銀行（AIIB）	10.0
新開発銀行（NDB）	10.3

出所：World Bank (2021); ADB (2021); AfDB (2021); AIIB (2021); NDB (2021)

注：アフリカ開発銀行グループの約束額としては、同行が用いている通貨単位UAに基づき公表されている額を、2020年12月の為替レートを用いて米ドル換算した値を示している

創立時の総裁はインド人実業家が務め、二〇二〇年にブラジル人に席を譲っている。表4―5に示したように、二〇二〇年の融資規模は一〇三億ドルで、世界銀行やアジア開発銀行には及ばないが、アフリカ開発銀行を上回る水準の融資を行っていることが分かる。二〇二一年にはバングラデシュ、エジプト、アラブ首長国連邦、ウルグアイが加盟した。今後はBRICS諸国のみならず、新規加盟の四ヵ国にもNDBからの融資がなされるものと思われる。

アジアインフラ投資銀行（Asian Infrastructure Investment Bank：AIIB）が二〇一六年一月に開業した際には、NDBよりも話題が集まった。というのは、NDBが基本的にBRICS五ヵ国同士で貸し借りをしあう金融機関であるのに対して、AIIBの場合にはより広い範囲の国々が融資を期待したからである。また「アジア諸国のインフラ

建設に対して融資をする」ことを趣旨とする国際金融機関としてADBが存在しており、ADBとAIIBとの競合が懸念された。

設立のための交渉が始まった二〇一五年初めには、アメリカや日本がAIIBに対して組織運営の透明性などの点で懸念を示し、参加に否定的であったのに対して、融資を期待する多くの周辺アジア諸国が加盟を検討した。そのような雰囲気の中、G7メンバー国の中ではイギリスが早くも同年三月に参加を表明した。AIIBの融資プロジェクトをイギリス企業が受注することを期待しての判断と考えられている。これを皮切りに日米以外のG7諸国はすべて加盟し、創立時には計五七ヵ国が参加した。二〇二三年一月時点では、アジア太平洋地域から四七ヵ国、非アジア太平洋地域から四五ヵ国が加盟している（ちなみにADBの加盟国はアジア太平洋地域から四九ヵ国、非アジア太平洋地域から一九ヵ国で、計六八ヵ国）。AIIBはその名称において「アジア」と称しているものの、非アジア太平洋地域のエジプト、エクアドル、ブラジル、コートジボワール、ルワンダなどへの融資も行っている。設立時の資本は一〇〇〇億ドルで、そのうち中国が約三割を拠出した。これによって中国が議決権の二六％を保有することとなり、AIIBの体制等の主要な決議に関する拒否権を握ったと解釈されている。

AIIBの融資の規模は、表4―5に示したように、二〇二〇年の約束額で約一〇〇億ドルであり、世界銀行の約八分の一、ADBの三分の一である。設立当初には経営の透明性や世界銀行、ADBとの競合等の懸念があったが、AIIBは世界銀行、ADB、欧州復興開発銀行

（European Bank for Reconstruction and Development：ＥＢＲＤ）と協調融資を行うなど、他の多国間開発銀行と協働しつつ、世界のインフラ建設投資需要に応えていく姿勢が見える。(37) ＡＩＩＢの初代総裁は、中国の財政部（日本の財務省に相当）に長く勤務し、ＡＤＢ副総裁をも務めた金立群《きんりつぐん》が就任した。ＡＩＩＢは本部を北京《ペキン》に置いている。費用削減の一環として、役員は無報酬であり、北京に居住させていない。また、援助受入国に事務所を置かない方針を取っており、これは世界銀行やＡＤＢと大きく異なる政策である。

このように二国間援助、多国間援助共に中国主導の国際協力は他のドナーの支援方法と異なる特徴を有していることをこれまで述べてきた。思い出したいのは、日本もドナーとして台頭してきたときには、ヒモ付き援助が多いこと、贈与や技術協力に比べて融資が多いことなどの欧米ドナーとの相違点を異端視され、幾分冷ややかな目で見られる環境下で、ＯＥＣＤ／ＤＡＣ内の地位を確立してきた歴史を持っていることである。中国も急速に存在感を高めてきたドナーとして、かつての日本が経験したような欧米ドナーとの軋轢《あつれき》を現在経験している。債務不履行に陥った国に対する協調的な債務再編の手続きなど、これから制度化していかなければならない（例えば中国もパリ・クラブに入る等）課題が控えている。これらの課題に対してＯＥＣＤ／ＤＡＣドナーと中国が共に向き合って解決策を探っていくべきである。開発途上国側は、双方からの支援を期待している。

4―4　SDGsとその国際開発離れ

持続可能な開発目標（Sustainable Development Goals：SDGs）は、第1章の末尾で紹介したミレニアム開発目標（MDGs）を二〇一五年に継承した国際目標である。日本においてSDGsは広く知られるようになった。NHKは「SDGsのうた」を放映し、日本全国の企業の役員が一七色のSDGsバッジをつけている。

このようなSDGsの社会への浸透とは裏腹に、「SDGsの国際開発離れ」が進行している。それはMDGsからSDGsへの移行期に既に予想されていた。[38]

SDGsとは

SDGsとは、表4―6に示した一七の国際目標である。[39] 二〇一五年から二〇三〇年を対象期間としている。MDGsもSDGsも国連が推進役であり、SDGsは国連総会の決議に基づいて制定された。持続可能な開発（Sustainable Development）とは、「次世代の人々の福祉を損なわないような現代社会の開発」を意味しており、この定義は国連委託のブルントラント報告書でなされている。[40] つまり持続可能な開発とは、環境保護と両立可能な開発のことである。

このことからSDGsは、MDGsで掲げられた貧困削減という目標に対し、環境保護という

表４―６　持続可能な開発目標（SDGs）

①貧困をなくそう	⑩人や国の不平等をなくそう
②飢餓をゼロに	⑪住み続けられるまちづくりを
③すべての人に健康と福祉を	⑫つくる責任　つかう責任
④質の高い教育をみんなに	⑬気候変動に具体的な対策を
⑤ジェンダー平等を実現しよう	⑭海の豊かさを守ろう
⑥安全な水とトイレを世界中に	⑮陸の豊かさも守ろう
⑦エネルギーをみんなに　そしてクリーンに	⑯平和と公正をすべての人に
⑧働きがいも　経済成長も	⑰パートナーシップで目標を達成しよう
⑨産業と技術革新の基盤をつくろう	

目標を増補・統合することがその趣旨であったと言える。

表４―６に示した一七の目標はいくつかのカテゴリーに分けることができる。第１章の表１―２に掲げたＭＤＧｓは八つの目標から成っていたが、その目標①〜⑥は貧困、教育、ジェンダー、保健（乳幼児、妊産婦、感染症）を対象としており、それらはＳＤＧｓの目標①〜⑥に引き継がれている。

またＳＤＧｓの目標⑪〜⑮は環境保護に関するもので、ＭＤＧｓの目標⑦を継承・拡大したものとなっている。さらにＳＤＧｓの目標⑦〜⑨は主として経済成長の成果がすべての人々に行き渡ることを求めたものとなっており、ＭＤＧｓにおいては目標とはされず、むしろ手段として考えられた要素である。目標⑩と⑯はＭＤＧｓには取り上げられていなかった要素で、不平等および平和や正義を正面から取り上げている。最後に目標⑰はＭＤＧｓの目標⑧に相当するもので、自国のみならず世界全体で目標達成に努力することを掲げている。

国際開発から離れていくSDGs

MDGsもSDGsも、その進捗状況を世界各国が国連に報告し、国連が全体状況を把握して進行を促進するというメカニズムを用いている。しかしMDGsにおいては、開発途上国が自国の達成状況を報告し、先進国が開発途上国支援の達成状況を報告するという体制だったのに対して、SDGsにおいては、すべての国が自国のSDGs達成状況を国連に報告することのみが義務付けられている。[41] つまり日本を例に取れば、日本の経済社会がどれだけ持続可能になったかを報告するのがSDGsの達成状況報告の主旨とされ、日本が開発途上国の持続可能な開発のためにどれだけ貢献したかは、多くの達成指標の中の一部に過ぎないのである。SDGsは「先進国も開発途上国も区別することなく、同等に扱っている」と言えば聞こえは良いが、先進国の開発途上国支援への義務付けが、実態上弱まっていると言わざるを得ない。「誰も取り残さない（Leave No One Behind）」というSDGsの標語は、最も大きな不利を被っている人を取り残さないということを意味すると同時に、先進国の国民も利益を受ける主体として「取り残さない」ということをも意味している。[42]

このようにSDGsから国際開発の側面が弱められ、環境保護（目標⑪〜⑮）や自国の開発（目標⑦〜⑨）の側面が強められることは国際開発に携わる人々から懸念されていた。[43] SDGsの認知度は日本でかなり高くなっているが、海外の国を対象とした国際開発よりも、日本国内の身の周りで何ができるかのほうに関心が置かれている。筆者の近隣の郵便局で日本郵政グループが作成した「SDGsブック」が展示されていた。[44] このような身近なところにまでSDGsが浸透しているのかと思い、手にしてみたところ、記載されている日本郵政グループのSDGs達成への取り組みのすべてが国内事業だったことに驚いた。新型コロナウイルスが世界に蔓延していた二〇二〇～二〇二一年には海外渡航がかなり難しくなっていたという背景もあろうが、現在「国際開発抜きのSDGs」に違和感を持つ人は少ない。SDGsの日本での推進役の一つである日本経済団体連合会（経団連）が会員企業向けに企業行動憲章を作成し、憲章実行の手引きを配布しているが、その中で「SDGsを経営に組み込むこと」を推奨しているものの、それに際しては「SDGsの一七の目標すべてを企業個社が取り組むことは難しい。そのため、SDGsの各目標のうち、企業は自社の事業活動の内容などに応じて、達成に貢献できる目標の優先順位をつける」ことを勧めている。[45] これを読んだ日本企業が、海外の開発途上国に向けられがちな目標①～⑥よりも、国内で貢献可能な目標⑦～⑨、⑪～⑮への貢献を重視するのは当然と言えよう。

SDGsの内向き志向の背景

MDGsという開発途上国の貧困削減を主旨とした国際目標の後継となったSDGsの「国際開発離れ」が進んでいることをどのように理解したらよいのだろうか。それには三つの理由があると考えられる。

第一に、第2章で示した通り、世界の多くの国において貧困削減が進んだことである。中国やインドで経済成長が進み、両国の国民の生活水準が上がってきている。さらにはかつて最貧国と見なされたバングラデシュや、二〇世紀中には長らく戦火の下にあったベトナムやカンボジア、ラオスにおいても、目に見える産業発展や社会福祉の向上が見られている。それに加えて、一九九〇年代には貧困からの出口が皆無であるように見えたサハラ以南アフリカの国々においても携帯電話や発電機が地方にまで普及し、世界とつながることができるようになった。多くの開発途上国において貧困削減が進んでいることに着目して、「もう開発途上国という言葉を使うべきではない」とする論者もいる[46]。しかし第2章で説明したように、これらの国々では、元々の生活水準が低いため、貧困削減は進んだと言っても国際開発のニーズはまだ大きい。それにもかかわらず「国際開発はもう要らない」というような認識が広がっている。

第二に、地球温暖化などの環境問題の重要性がより大きく意識された結果、貧困や社会開発の課題の重要性への認識が、相対的に低まったと言える。また地球温暖化による海面上昇や水害などの結果として「環境問題に起因する貧困がある」ということが強調されるあまり、「現代の開発途上国の貧困問題は、環境問題のみによって引き起こされている」という誤解が生まれがちである。実際には、第2章で示したように、環境問題に起因しない貧困や人権侵害も、世界の大きな問題として残っている。

第三に、長い間、開発途上国の貧困問題は南北問題と捉えられ、北の繁栄が南の貧困の原因であるとするマルクス経済学的な世界システム論で解釈されることがあった[47]（第1章1節を参照）。これは先進国の経済のあり方を変えなければ、開発途上国は発展できない、とする見方である。現在の主要な先進国はかつて開発途上国を植民地にし、農業や鉱業などに特化させて経済構造を歪めることによって、独立後の発展をも困難にした歴史があるので、世界システム論は一面の真理を突いている。しかし実際問題として、先進国が経済構造や政策を大きく変える前に、いくつかの開発途上国（日本や韓国、シンガポール、マレーシア、タイなど）は先進国に生活水準の面で追いついたことから、「北が変わらなければ、南が発展できない」という認識は、今や妥当性を欠いている。

一方、環境問題に関してはいまだに世界システム論的な考え方が援用されていて、SDGsに関わる認識に大きく影響しているように思われる。というのは、地球温暖化問題はそもそも、先進国が長年エネルギーを多く消費してきたことから生じており、先進国が脱炭素化を進めなければ開発途上国も温暖化の被害を免れないという意味で世界システム論的な構造を持っている。したがって温暖化問題に関して言えば、先進国の脱炭素化を進めることが開発途上国の直接的利益につながる。しかし貧困削減に関する南北問題はこのような構造を持っておらず、先進国の地域開発を進めても、開発途上国の貧困削減が進むわけではない。にもかかわらず世界の環境問題解決と世界の貧困問題解決がSDGsによって混同されがちで、人々は世界の貧困問題解決についても「先進国の経済社会変革を進めることが、開発途上国の利益につながる」

と信じがちである。しかし実際には、日本の経済社会がより持続可能になったり、地域開発が進むことが、どこかの開発途上国の貧困削減を促進するわけではない。

経済社会のある部分が先に目標を達成することが、残りの部分の目標達成を自《おの》ずと後押しするという考え方は開発経済学において**トリクル・ダウン効果**と呼ばれる。トリクル・ダウン効果は、「一つの国が発展するためには、まず一つの部門の発展を優先し、その部門の発展が成し遂げられれば、残りの部門の発展が自ずと促される」という考え方を指す。具体的には例えば「都市の発展を推進して実際に発展が実現すれば、周辺農村の発展も自然に促される」というように応用される。しかし、そのような経済発展面でのトリクル・ダウンは、少なくとも短期的には起こらないことが多かった。したがって開発の文脈でトリクル・ダウン効果は否定されがちなのであるが、なぜかSDGsの持続可能な発展という文脈では「先進国の経済社会変革が、開発途上国の人々を益する」というトリクル・ダウン仮説が無意識のうちに信奉されている。

4―5　ポストSDGsの国際協力

二〇一九年末からの新型コロナウイルス感染拡大、二〇二二年二月に始まったロシアのウクライナ侵攻という世界的な緊急事態に対応し、日本や世界の政府開発援助（ODA）は増加の方向に動いている。図4—1で明らかなように、イギリスを除くOECD主要四ヵ国のODAは二〇二〇年、二〇二一年に顕著に増加している。

このようなODAの増加の背景にあるのは、対外援助を拡大する中国への対抗心や、本章3節の冒頭でイギリスを例にして述べたような、国益指向の国際協力である。イギリスのみならず、アメリカでもトランプ政権時代（二〇一七年一月〜二〇二一年一月）には「アメリカ・ファースト」を方針に掲げ、対外政策にも自国優先を徹底したことが記憶に新しい。このような英米の政策転換は日本の国際協力政策にも波及した。

日本の開発協力大綱（二〇一五年）

日本の政府開発援助の基本原則は、一九九二年に定められた政府開発援助大綱（二〇〇三年改定）であった。日本政府は二〇一五年にこれを改定し「開発協力大綱」を閣議決定した。新大綱による変更点はいくつかある。

日本政府自体が示している新大綱のポイントは、以下の四つである。[48] ①開発協力理念の明確化（非軍事的協力による国際平和への貢献）、②新しい時代の開発協力（質の高い成長を通じた貧困削減、環境課題などの脆弱性を抱える中・高所得国への支援、など）、③触媒としての開発協力（日本政府以外の主体、例えば民間企業、地方自治体、NGO／市民社会との連携）、④多様な主体の開発への参画（女性の参加促進、社会的弱者等の開発への参画）。

		出し手	
		日本政府	民間セクター／地方自治体／NGO
受け手	開発途上国	政府開発援助（ODA）	
	脆弱性を抱える中・高所得国	開発協力	
	日本の中小企業		

図4―4　開発協力大綱における「開発協力」とODAの相違

出所：Yamagata（2016）のFigure 1を和訳したもの

ポイントの①は、非軍事という限定は付けつつも、海上警備など安全保障に関わる支援を進めることを意図している。ポイントの②は、何らかの脆弱性を有していると認められれば、開発途上国のみならず高所得国にさえ援助を行うことを示している。③は、触媒という言葉を用いて、日本政府は国際協力からフェイド・アウトして、民間企業やNGO、地方自治体に負担の肩代わりを求めることを意味している。

これら「新大綱の四つのポイント」が指し示しているのは、日本政府がこれまでの政府開発援助（ODA）の概念を拡張し、新たな**開発協力**という概念を創り出していることである。開発協力はODAを概念的に拡張したものである。ポイント①で示したように、安全保障目的の国際協力を含むといった分野的な拡張もあるが、ポイント②③で提示しているのは、開発協力はODAよりも「出し手」と「受け手」が増えていることが特徴的である。このことを図4―4を用いて説明しよう。

ODAとは日本政府が出し手となり、開発途上国政府を受け手として行う支援を指していた。これに対して開発協力は、支援の受け手が多様化している。具体的には、気候変動や災害、紛争等の脆弱性を有していれば、開発途上国の立場を卒業した中・高所得国でも支援の対象となる。また日本の中小企業が開発途上国に資するビジネスを立ち上げるのであれば、その日本の中小企業に直接支援することができる。このように開発協力は、受入主体が開発途上国のみならず、中・高所得国、そして日本の中小企業へと拡張されている。

第二に「開発協力」は、日本政府のみならず地方自治体や民間セクター、NGOの財源も動員して行うことができる。言い換えれば、日本政府の負担を他の組織に肩代わりしてもらえる。債務残高がGDPの二倍を超えている日本政府としては、国際協力を拡大するに際しても、日本政府以外の資金供給者が役割を増すのは望ましいとされる。そして日本政府は出し手と受け手をつなぐ「触媒」になろうとしている。つまり日本政府は、開発協力という新語を創り出すことによって、民間部門やNGO等に責任分担を増やし、日本政府の財政的負担を、少なくとも相対的に、下げようとしているのである。

開発協力大綱と国益

これら開発協力の新たな定義を通じて日本が指向しているのは、援助を通じた国益の追求である。「国益」という語は、政府開発援助大綱には用いられていなかったが、開発協力大綱では複数箇所に明記されている。「国益」は広義には、「支援の受入国が繁栄することを通じた日本の利益」を含むものの、狭義には「支援の受入国が利益を受けるかどうかにかかわらず、日本が得る利益」を意味する。二〇一〇年代に世界が転じたのは、狭義の国益指向であった。日本の開発協力大綱もその潮流に乗ったと言える。

「国益追求」というと生々しい印象を受けるので、それを和らげる同義語として国際協力業界で用いられているのが**外交の視点**である。外交とは外国との交渉を意味するが、その目的として、自国の国益が想定されている。

具体的に「外交の視点」という語が「国益の視点」と同じ意味に用いられているのは、外務省が毎年実施しているODAの第三者評価においてである。第三者評価とは、ODA供与側である日本政府や、ODA受入側である開発途上国と離れた立場の「第三者」に実施を依頼するODA評価である。筆者は過去九回にわたり、この第三者評価の評価主任を務めた。第三者評価と言うと評価者が全く自由に評価する印象を与えるが、その印象とは異なり、厳格な評価ガイドラインが外務省から与えられる。ODA評価ガイドラインは数次にわたり改定されており、二〇一九年度からはこのガイドラインにODA評価基準として従来の「開発の視点（政策の妥当性、結果の有効性、プロセスの適切性）」に加えて「外交の視点」からの評価を行うことが義務付けられた。具体的に、外務省がそのウェブサイトに公開している二〇二一年の外務省『ODA評価ガイドライン』には以下の記載がある。

日本国内の厳しい経済・財政事情の中、国民の貴重な税金を使用して実施するODAについては、被援助国の開発に役立っているかという「開発の視点」だけではなく、日本の国益にとってどのような好ましい影響があるかという「外交の視点」からの評価を行うことが重要である。(49)

これはODAが受入国の開発のみならず「日本の国益」にかなっているかどうかを第三者評価の必要項目として求めることを意味している。このように第三者が中立的に行うかのように見える外務省ODA第三者評価でさえ、ODA評価ガイドラインにより、日本の国益に合致しているかどうかという観点から評価することが義務付けられているのである。

二〇二三年開発協力大綱改定

二〇一五年に内閣で閣議決定された開発協力大綱を、二〇二三年に改定することが、二〇二二年九月九日に報道発表された。改定に向けては、「開発協力大綱の改定に関する有識者懇談会」を設置し、九月一六日にその第一回会合を開催すること、そして、市民社会、経済界等、幅広い関係者から意見を伺う機会を設け、そのうえで、寄せられた意見を踏まえつつ、二〇二三年前半を目処《めど》に新たな開発協力大綱を策定する、という手順が示されている。これを読むと、有識者や市民社会、経済界等幅広い関係者の声を聞いてから新大綱の内容を確定するように見

表４―７　新開発協力大綱（2023年改定予定）の改定の方向性（2022年９月９日発表）

（１）　国際秩序に対する挑戦に対応するため ⇒ 平和の土台・普遍的価値を再構築、次の時代の新しい国際秩序作りへの貢献
・普遍的価値に基づく国際秩序を守り、「自由で開かれたインド太平洋（FOIP）」の理念を更に推進していくための協力を強化（連結性強化、海洋安全保障、法の支配、等）
（２）　コロナ禍等を受けた経済・社会の脆弱性に対応するため ⇒ 世界と日本が共に繁栄する環境をつくる
・日本の経済安全保障に資する開発協力を推進（各国の自律性強化、産業多角化、国際的なスタンダード作り、重要鉱物資源の安定供給、等）
・日本企業の海外展開支援を推進（ビジネス実証化支援、マスタープラン策定等の上流の支援、等）
（３）　地球規模課題の複雑化・深刻化に対応するため ⇒ 新たな時代の「人間の安全保障」を推進
・地球規模課題の国際的取組を主導（特に貧困削減、保健、気候変動（適応・緩和）、環境（生物多様性、海洋プラスチック汚染対策等）、人道支援（難民・避難民等）、脆弱国・脆弱層への重点的な取組、等）

出所：外務省国際協力局政策課（2022）

える。

しかし、その印象とは裏腹に、新大綱に関する非常に詳細な「改定の方向性」が、第一回有識者会議さえ開催される前の九月九日に、外務省から示されている。[50]表４―７は外務省が二〇二二年九月九日に示した新大綱の「改定の方向性」の要点である。一方で有識者懇談会を開催し、市民社会や経済界の声を聞くと言っておきながら、それを行う前から改定の方向性が決まっていることを強調しておきたい。これは有識者懇談会も市民社会・経済界からの意見聴取も、それらの内容を大きく反映させる意志はなく、意見聴取の姿勢はポーズでしかないという疑いを抱かせるに十分な理由である。

しかし筆者はそのことに驚きを感じない。なぜならば、二〇一五年の開発協力大綱制定の際にも、有識者懇談会の設置に先立つ二〇一四年一月に、開発協力大綱の方向性が外務省から示されており、それらがメディアによって広く報道されていたからである[51]。

表4―7に示された「改定の方向性」の中心概念は、(2)に挙げられた「日本の経済安全保障」であり、そこには「日本企業の海外展開支援」のために開発協力が用いられることが明記されている。そして(1)で掲げられているのが、政治・平和の面からの安全保障を意味する「**自由で開かれたインド太平洋**」理念の推進である。(3)には、日本政府が援助理念として確立したいと考えている「人間の安全保障」(第2章参照)が掲げられているが、(1)で示された政治的安全保障、(2)で挙げられた経済的安全保障の後に置かれる三番目の位置付けである。

二〇二三年改定の開発協力大綱は、日本の平和や経済的安定のために資するという国益重視の方向性が、二〇一五年大綱よりも強調されるものと考えられる。

私たちが国際協力する理由

これまで述べたように筆者は、現在の国際社会や日本の国際協力の姿勢に対して悲観的である。ＳＤＧｓは目標の数が多すぎて、一つの目標に貢献すれば、ＳＤＧｓに貢献しているよう

表4―8　ヒュームによる「高所得国が低所得国を支援する理由」

1．**同じ人間としての共感**：困難に直面している人々を支援するのは当然だから（助け合い精神）
2．**道義的責任**：現在の開発途上国の貧困は、先進国が過去に行ったこと（植民地支配等）の帰結だから
3．**共通利益**：援助を受ける国の繁栄は、貿易や金融等の取引を通じて、援助する国にとっても（間接的な）利益になるから
4．**自己利益**：政府開発援助が、プロジェクトの資材等を援助供与国から調達することや、国連の場における援助供与国の立場への支持などを通じて、援助供与国の（直接的な）利益になるから

注：Hulme（2016）のChapter 1の記述を筆者が要約したもの。ここではヒュームが用いた「道徳的義務」という語を「同じ人間としての共感」と言い換えている

に見せることができ、ハードルが低すぎる。日本人が日本の経済成長に役立つ活動をしても目標⑧の達成に貢献したことになるのであるから、ＳＤＧｓに貢献しない活動を見つけるほうが難しいように思える。また日本の開発協力大綱は、現行のもののみならず、二〇二三年改定の新大綱も、政治的・経済的な日本の安全保障を最重点としているという意味で国益重視である。国際社会や日本社会に生きる我々にとって、これらは「私たちが国際協力する理由」として十分だろうか、と読者に問いたい。

私たちは何のために国際協力するのか、を自問するために、この問いへのありうる回答を整理してみよう。イギリスの国際開発研究者であるデビッド・ヒュームは、国際協力する理由を、表4―8で示したように、四つに分類している。

第一の理由として挙げられているのは、他者に対する同じ人間としての共感である。誰かが困難に直面しているときに、困難に直面していない人々が支援するのは当

然、と考える視点である。ヒュームは「道徳的義務」という語を当てていたが、日本語では「道徳」や「義務」といった語がいかめしい印象を与えるので、ここでは「同じ人間としての共感」としている。これは、素朴な「助け合い精神」と言い換えることもできよう。「すべきことだからする」というように、協力それ自体が当たり前のことと見なす立場である。人道主義と呼ぶこともできるだろう。

第二の理由として挙げられるのは、道義的責任である。現在の先進国の多くが、かつては植民地宗主国であった。仮にそれが自分自身ではなく、自分たちの祖先の世代が行ったことだったとしても、自国が戦争や侵略で他国の人々を傷つけ、償いきれない損害を与えたとしたら、その後世の人間として、過去の支配従属関係を幾分でも埋め合わせるために国際協力を行う「道義的責任」がないだろうか。本章の冒頭に述べたように、日本をはじめ、いくつかの旧植民地宗主国のODAの始まりは、植民地支配や戦争での侵攻に対する償いであった。

第三の理由として挙げられているのは、開発途上国に国際協力を行うことが、その援助受入国を利するのみならず、回りまわって援助した国の利益にもなることである。これを「共通利益」と呼んでいる。人によってはこれをウィン・ウィンの国際協力と呼ぶであろう。

最後にヒュームが挙げるのは「自己利益」である。国際協力は、支援物資や道路、港湾といった構築物（インフラストラクチュア）として供与されることが多い。その支援物資が援助供与国の企業から購入されたり、建築工事に携わる企業が援助供与国の企業だったりすれば、それらの企業は、国際協力によって金銭的な利益を得ることになる。どの国の政府であれ、自国の企業の業績が上がることは喜ばしいので、「自己利益」も国際協力の動機になりうる。また、ある国に援助を行う際に、援助供与国が求める外交上の目標（例えば、国連安全保障理事会非常任理事国への選出）に関する支持を求めるといった政治的利益も、この援助による「自己利益」の具体例として挙げられる。自国第一主義を掲げる国は、この自己利益を国際協力の理由の中心として示すことにためらいがない。

一つ重要なことは、これまで挙げた四つの理由は、それぞれある援助供与国にとっての国際協力の唯一の理由である必要はなく、どのような援助供与国においても、多かれ少なかれ四つのすべてが、国際協力を行う理由として該当するということである。そして違いは、どの「理由」にどれだけの重点を置くか、ということである。

筆者の過去三〇年余りの職業人生を通じて出会った人々の中で、国際開発の分野に何らかのやり甲斐《がい》を求めて飛び込んだ人たちの多くが、表4―7の理由1や2、つまり、同じ人間としての共感や道義的責任を元々の動機としていた。それはその人たちがどの組織に所属しているかとは無関係である。

組織はそれぞれに、目的や方針を有している。日本政府の国際開発への関わりの目的や方針は開発協力大綱に示されており、日本政府の一部である外務省や、独立行政法人という日本の公的機関として日本の援助実施を担っているＪＩＣＡは、この開発協力大綱に基づいて開発協力を行っている。このことから、外務省やＪＩＣＡに勤務している職員が、それらの組織の職員として立ち働く際には、日本の国益や政治・経済安全保障の利益を強く反映した開発協力大綱に沿って発言したり行動したりせざるを得ない。彼ら一人一人が国際協力に献身する元々の動機は、ヒュームの挙げた理由1や2であることも多い。にもかかわらず、彼らが組織を代表して発言したり行動したりする際には、開発協力大綱に沿った理由3や4を強調することが求められる。そしてそれによって、国際協力業界の外にいる学生や一般の人々が、「国際協力は主として理由3、4からなされている」という誤解を持ってしまうのではないかと、筆者は懸念している。

そこで筆者が、国際協力に携わっている人々に提案したいのは、公的立場を離れて私的発言が許される場面では、個人の国際協力への思いを率直に発言してほしい、ということである。相手国の人たちへの共感、助け合い精神や道義的責任といった基層的な動機は、ともすれば、あって当然のこととして明示的に語られないことが多い。しかし口に出さなければ、その重要性や根源性の認識が薄れたり、優先順位が低いものと思い込まれる可能性がある。それを避けるため、国際協力に携わるすべての人に、機会を捉えてそれぞれの国際協力への思い入れを周囲に伝えてほしい。

また誤解してほしくないのは、筆者は表4—7の理由1や2が、3と4より上位にあるとか、望ましいと述べているわけではないということである。例えば、日本にも多くの解決すべき課題がある。ジェンダー平等、地域振興、子どもの貧困、高齢者福祉等々、枚挙にいとまがない。それらの問題への対処は、「日本国民への国益」のための行動と解釈できるので、表4―7の「自己利益」目的に分類されるかもしれない。しかしこれらの対策はそれぞれに重要なのであって、他の国の国民の福祉の向上が上位の目標であるべきだ、と言っているわけではない。

筆者が言いたいのは、日本国民の福祉の向上は、日本国民のための社会福祉政策や雇用創出政策、中小企業振興政策、地域振興政策といった、それぞれの課題対処を直接の目的とした政策で行うべきであって、国際協力政策の目的にする必要はない、ということである。他国の人々の福祉向上を目的にしているかに見える国際協力を手段として、日本の中小企業振興や地域経済振興を図るのは、迂遠《うえん》であると同時に透明性を欠きがちなので、望ましくない、と言いたいのである。

ポストSDGsの国際協力――手段遂行型でなく価値追求型目標を

これまで述べてきた論理から、SDGsが期限を迎える二〇三〇年以後の国際開発のあり方について、どのような建設的提案ができるだろうか。

本章4節で述べたように、MDGsの目標数が八つだったのに対して、SDGsの目標数は一七に増加している。増加した目標としては、経済発展のための手段（エネルギー、雇用・成長、技術・インフラ）（目標⑦、⑧、⑨）と環境関連の目標（⑪～⑮）、そして不平等（⑩）と平和・公正（⑯）が挙げられる。MDGsが国際目標だった二〇〇〇～二〇一五年にかけて、MDGsは開発途上国の貧困削減に焦点を絞っていたので、先進国の一般の人々の間の認知度は低かったが、それでも「八つの目標すべてを達成すべきだ」という意識で取り組まれていた。それに対してSDGsは目標が一七に増えたことから「少なくともどれかの目標の達成に取り組めばよい」という意識が広がっている。その結果、達成しやすい目標や、自分の利益に直結する目標が選ばれやすくなっている。仮にSDGsの後継となる国際目標が設定されるとするならば、目標数を減らし、焦点を絞ることによって、「精選された目標すべての達成に取り組む」という仕組みにすべきである。

そのために減らしてよい目標を挙げるとするならば、それは「別の目標の手段と位置付けられる目標」である。先に述べたように、経済発展の手段と位置付けられる目標（⑦、⑧、⑨）は、目標①や②の貧困削減や飢餓の根絶といった究極的な目標の手段と位置付けられるべきである。経済成長や雇用、エネルギー確保や技術革新、インフラ整備はそれら自体に価値があるのではなく、それらの充足を通じて、貧困削減、教育、保健、平等、平和、公正といった究極目標を達成するために有用だからSDGsに取り入れられたのである。したがって、これらの「手段的目標」は最終的なゴールではなく、それを達成するための下位目標として置かれるべきである。

言い方を換えれば、SDGsには価値追求型目標と手段遂行型目標が混在している。二〇三〇年にＳＤＧｓの期限を迎えた後に、後継の国際目標が設定されるのであれば、それらは価値追求型目標のみで構成されるべきである。これによって、現在のＳＤＧｓのように、「取り組みやすい目標にだけ取り組む[52]」のではなく、厳選された目標すべての達成に取り組むという指向性を持った国際目標が構築されるであろう。

理想を高く掲げて

多くの人々が、素朴な助け合い精神や相手国の人々への共感、道義的責任に動機づけられて、国際開発・国際協力の世界に飛び込んでくる。しかし社会の大多数の人々が、助け合い精神や、他国の人々との連帯感、道義的責任に共鳴するわけではない。そこで国際協力に従事する人々は、大多数の人々の政治的同意を得るために、「国際協力は共通利益や自己利益にもつながる」という論理を受け入れる。それは、多くの人々の資源（資金や労力）を動員して国際協力を行うためには必要な妥協だからである。また、そもそも国際協力を受ける側の人々は、何を得られるかに主たる関心があるのであって、国際協力する側の動機は二の次である。このような経緯から、国際協力はヒュームが挙げた四つの理由をすべて体現して実施される。そのこと自体は致し方ない。

しかし高い志を持って国際協力の世界に入った人々には、今現在どの組織に属していようと、最初の志を忘れないでほしい。そして、組織を離れて発言する機会があるときには、その自分自身の志を周囲に伝えてほしい。

この立場は理想主義と呼ばれるかもしれない。そして理想主義は非現実的だと思う人もいるであろう。しかしそれは事実に反している。二〇〇四年一二月二六日にスマトラ島沖地震によってインド洋大津波が発生し、二二万人もの人々が犠牲になった。これを受けて二〇〇五年一月に開催された世界経済フォーラム（ダボス会議とも呼ばれる経済・政治リーダー会議）では多額の寄付が集まった。同年七月の主要国（G8）首脳会議の際には、低所得国の世界銀行・IMFへの債務削減が合意されたうえ、同時に世界の市民社会は"Make Poverty History"（貧困を過去の歴史にしよう）、「ほっとけない世界のまずしさ」と題する国際協力キャンペーンを行った。それらは本章2節で述べた、OECD／DAC諸国の援助協調の取り組みの精神的基軸をなしたのである。このようにして二〇〇〇年代の後半には、貧困削減を概念的中核とした理想主義が、国際協力の取り組みの主流となった[53]。

近年、自国中心主義が世界的に広がり、それを標榜《ひょうぼう》する政権が多くの国に成立している。したがって、国際協力の精神に国益が明記されても、国際的にはそれほど目立たない。開発協力大綱が、日本の政治・経済安全保障指向を強めるのも、その潮流の中にある。

そういう状況にあるからこそ、他国の人々への共感や助け合い精神、道義的責任といった動機で国際協力に携わる人々は、その意思表明をすべきである。現在の開発協力大綱、そして二〇二三年に改定されるという新大綱は、読者それぞれが望むものなのだろうか。一人一人の意志や行動が問われる。

＊＊＊

本書は、政策提言をもって締め括るような構成にすることもできた。今後の国際開発のための政策提言として挙げうるのは、例えば第2章からは「不利な立場に置かれている人々に焦点を絞った貧困対策」、「機会、エンパワメント、安全保障というそれぞれの側面に即した貧困削減戦略」、第3章からは「包括的な経済制度に基づくイノベーション」、「開発の利益と普及の利益の双方に目配りした技術政策」、第4章からは「援助効果向上のための政策の継続」である。そしてそれらを本書の結論とすることもできた。

しかしそれらの政策が向けられるべき国際協力のゴールが、多くの読者が意識しないうちに、「日本経済の安全保障」や、『外交の視点』という語に込められた国益」へと方向転換されていることと、その方向性への問題意識を伝えることのほうが、本書の意義としてより重要であると考えるに至った。筆者は二〇一〇年代半ばから、親しい政策担当者に何度かこの危惧を伝えたが、その際に返ってくる典型的な反応は「国際協力のゴールに日本の国益という要素を入れはしたが、それは国際協力の全体にとって小さな変化でしかない」、「日本の国際協力全体の方向性を変えたわけではないので懸念に当たらない」という見解であった。しかしその後、今年（二〇二三年）に改定される予定の開発協力大綱の内容や改定の仕方を見ているうちに、この「ゴールの方向転換」の指摘こそが、二〇二三年に出版する開発経済学の入門書において最も強調すべきことであると考えるようになった。これは小さな変化ではなく、根本的な転換である。それが政策提言ではなく、むしろ政策批判を本書の末尾に据えようと思った理由である。

おわりに

筆者が大学生だった一九八〇年代、国際開発についての議論の中心は、開発途上国の人々が日本の政府開発援助（ODA）から十分に裨益《ひえき》できていないのではないか、という問題提起と、政府開発援助の対極にあるように見えたNGOなどの市民社会が、どのようにしたら理想の国際協力を実現できるか、という問いかけであった。(1) 多額の資金を手に援助を行う先進国の援助のあり方を、NGOやジャーナリストが市民社会の立場から批判するという「政府対市民社会」の構図で理想の国際協力のあり方が模索された。その傾向は二〇世紀末まで続き、一九九九年のWTO閣僚会議がアメリカのシアトルで開催された際に、反グローバリズムを主張として掲げるデモ隊と警察が衝突し、これが二〇世紀の政府と市民社会の対立構図の締め括りとなった。(2)

今世紀に入ると、国連がMDGsを通じて貧困削減を国際開発の大目標に据えたこともあって、市民社会の側の反発は薄れていく。第4章でも言及したが、二〇〇五年にイギリスがG8の議長国となり、サミットと市民社会による「グローバルな貧困根絶キャンペーン」（日本では「ほっとけない世界のまずしさ」）を連動させたことなどにより、先進国政府と市民社会は協調的になっていく。

一方、開発経済学は、第二次世界大戦後以降続けられてきた「経済発展のメカニズムの探求」から、「開発プロジェクトの効果の有無の厳密な検証」(インパクト評価)に関心を移していった。インパクト評価を適用しうる援助プロジェクトを探し、そのプロジェクトの効果を測るというのが開発経済学の研究の主流となった。厳密なインパクト評価によって効果が認められたプロジェクトは正当性を得ることとなり、開発経済学者はその実証分析結果でもって政策提言を行った。しかしインパクト評価に向いていない政策(マクロ経済政策、開発戦略、国際目標など、影響を及ぼす範囲が大きすぎて実験に向かない政策)については開発経済学者の関心が薄れる結果となった。

これら二つの背景から、現在、市民社会も開発経済学者も、ＳＤＧｓや日本の開発協力大綱といった国際開発戦略や国際協力政策に関して批判的な議論をしなくなっている。筆者はこれは、学生や市民社会や研究者が、ＳＤＧｓや開発協力大綱に対する関心を持っていないからではなく、またそれらに対して批判的な意見を胸に抱いていないからでもなく、批判的な意見を誰も言い出さないからだと考えている。本書はその議論が始まるきっかけになることを目指して執筆した。

本書の草稿に対し、以下の方々からコメントを得た。特に第4章5節「ポストＳＤＧｓの国際協力」は、コメントを得た後に大幅に書き換えた。深甚な謝意を表したい。石川剛生、石原由紀、大橋弘明、オスカル・A・ゴメズ、佐藤寛、須藤智徳、高須直子、中神正史、平野実晴。

本書を執筆するに際しては、自分の学生時代から職業人生に至る間の経験を総動員することとなった。その意味で、自分の知識や経験の基礎となった所属先である、慶應義塾大学、RASA—アジアの農村と連帯する会、日本貿易振興機構アジア経済研究所、同開発スクール（IDEAS）、ロチェスター大学、バングラデシュ開発研究所、国際開発学会、立命館アジア太平洋大学、でお世話になった方々に深く感謝する。

また、二〇一六年から出版に至るまで、辛抱強く原稿を待ってくださった中公新書編集部の酒井孝博さん、ていねいな校閲をしてくださった尾澤孝さん、宮野一世さんにも御礼申し上げたい。

本書は「入門　開発経済学」と題しているが、経済学に関連する事象のみに話題を限定するのではなく、国際開発において重要なトピックをまず選び、それらの課題やメカニズムについて説明する際に、必要に応じて経済学を援用するというアプローチを採用した。第一に国際開発という課題があり、その分析方法として経済学が有用な場合と、無関係な場合があるからである。

本書を教科書として使用する場合、まず第2章からはじめて、その後に第1章に進むほうが適するケースがあるかもしれない。各章の順番は入れ換え可能と考えていただきたい。

筆者は二〇一八年から、大分県別府市にある立命館アジア太平洋大学で勤務を始め、学生たちの高い志に毎日接している。高い志は素朴な疑問や情熱に基づいており、それらが政治や経済の現実とぶつかったときに、学生たちはしばしば、「現実」が常に優位に立つと思い込む。また国際協力の実務者の側も「理想だけでは多くの人々の意見の一致（コンセンサス）が得られず、物事が前に進まない」という経験則を振りかざし、理想の意義を相対的に低めるメッセージを発しがちである。

しかし本書で示したかったことの一つは、二〇世紀半ばの第二次世界大戦以降、開発途上国の人々や国際社会は、脱植民地化、ナショナリズム、工業化、新国際経済秩序、社会開発、人間開発、貧困削減、人間の安全保障、持続可能な開発といったような、その時々の高い理想を目指して社会改善や制度設計、政策形成を行ってきたということである。それらの理想こそが、すべての原動力であったということを強調しておきたい。

そして現代社会にも、理不尽な悲惨さは残っている。紛争地では、古典的な武器から最新兵器のドローンまで動員して、命のやり取りが行われている。新型コロナウイルスのワクチンや医薬品は、低所得国の貧困層にはなかなか届かない。「一族の名誉を汚した」という正当化の下に、親族を手にかける名誉殺人が根絶されない社会が、世界にまだある。女性や性的少数者が、今なお多くの地域で、結婚、就業、就学の面で差別を受けている。また他の地域では、干ばつ、虫害、水害といった自然災害が食料生産を妨げ、慢性的栄養不足や子どもの発育不全が問題となっている。また多くの低所得国では、労働環境が不衛生だったり、危険だったり、労働災害保険制度が未整備だったりする。

二〇三〇年にＳＤＧｓが期限を迎えた後の国際開発や国際協力は、まずこれらの「理不尽な悲惨さ」の解決を第一義とするものでありたい。既に一定の経済発展を達成した国々のさらなる発展は、国際開発の目的の中心に置くべきではない。

最後に、現在国際協力に携わっている方々、そして過去に携わっていた方々には、これから国際協力に携わることを目指す人たちに対して、異国や多文化環境で物事を進める困難さだけではなく、心の底にある理想や志についても語ってほしい。それは照れるべきことではなく、また「話さなくても分かる」自明のことでもない。本書もその取り組みの一つとして執筆している。

二〇二三年一月

山形辰史

(52) 日本経済団体連合会 2017
(53) 山形 2008, 2018

【おわりに】

(1) 松井他編 1992, 村井・甲斐田 1987, 村井・ODA調査研究会 1989
(2) 紀谷・山形 2019

(20) OECD 2005
(21) 小林 2018
(22) *Financial Times* 2008
(23) 坂田 2014
(24) Greening 2013
(25) Kharas, Makino and Jung eds. 2011
(26) 下村他編 2013
(27) 渡辺 2013
(28) Kitano and Harada 2016
(29) Malik et al. 2021
(30) 小林 2013
(31) Moyo 2009
(32) Brautigam 2009
(33) *Financial Times* 2022a
(34) Gelpern et al. 2021
(35) *Financial Times* 2021
(36) *Financial Times* 2022b
(37) ADB と AIIB の協力の経緯については、中尾 2020が詳しい。
(38) 山形 2015b
(39) 蟹江 2020，南・稲場 2020
(40) WCED 1987
(41) 紀谷・山形 2019
(42) Yamagata 2016，2022，山形・佐藤 2021
(43) UNEP and OHCHR 2015
(44) 日本郵政グループ 2022
(45) 日本経済団体連合会 2017，150ページ
(46) Rosling 2018
(47) Wallerstein 1974
(48) 外務省国際協力局 2015
(49) 外務省 2021
(50) 外務省国際協力局政策課 2022
(51) 日本経済新聞 2014

（38） 山形 2022
（39） 高田 2022
（40） 山形 2022
（41） Takasu and Yamagata 2022
（42） UNICEF の COVID-19 Market Dashboard による。
（43） 山形 2022
（44） *Economist* 2022
（45） *Economist* 2021
（46） 久保 2006
（47） 山形 2022
（48） 日本経済新聞 2022

【第４章】

（１） 西垣・下村 1997
（２） OECD 2002
（３） Chenery and Strout 1966
（４） Moyo 2009
（５） あずさ監査法人・外務省 2016
（６） 下村 2020
（７） 山形 2015a
（８） OECD 1996
（９） OECD 2020
（10） World Bank 1998
（11） みずほ情報総研株式会社 2012
（12） 三好編 2008
（13） Gertler et al. 2016，黒崎・山形 2017
（14） Banerjee 2007
（15） Banerjee and Duflo 2011，Karlan and Appel 2011
（16） Rodrik 2009
（17） Diamond and Robinson eds. 2010
（18） OECD 2005
（19） 高橋 2001

（6） Hardin 1968
（7） 高橋 2010
（8） 石川 1981
（9） *Economist* 2017
（10） Lee et al. 2021
（11） 詫摩 2020
（12） 狩野 2015
（13） 狩野 2015
（14） Diamond 1997
（15） Schumpeter 1912
（16） Arrow 1962
（17） Arrow 1962, Christensen 1997
（18） Schmookler 1966
（19） 速水 2000, Acemoglu 2002
（20） Yunus with Jolis 1997
（21） Schumacher 1973
（22） 山形 2011
（23） Acemoglu and Robinson 2012
（24） Mokyr 1990
（25） Acemoglu and Robinson 2012
（26） Our World in Data（https://ourworldindata.org/）を参照
（27） Scheidel 2017
（28） UNAIDS 2021
（29） 山形 2003
（30） World Bank 1997, Table 2.1
（31） 南 2001, 宮田 2001
（32） 新山 2011
（33） *Economist* 2002
（34） 山形 2006
（35） Kremer and Glennerster 2004, Kremer, Levin and Snyder 2020
（36） 川合・山形 2009
（37） 山形 2022

(56) Becker 1964
(57) 矢島・小林 2013
(58) WHO 2013
(59) Behrman and Deolalikar 1988
(60) Sen 1992, 野上 2007
(61) Commission on Human Security 2003
(62) *Economist* 2020

【第3章】

(1) ある変数xの(自然)対数は$\ln x$と表記される。図3―1の縦軸はこの対数で示されており、具体的には10の何乗かが目盛として刻まれていることになる。つまり$100=10^2$なので、最下の目盛は2に相当し、$1{,}000=10^3$なので3、$10{,}000=10^4$なので4、最上の目盛は$100{,}000=10^5$なので5という具合である。$\ln x$をxで微分すると$\frac{1}{x}$となることが知られている。これを数式で表すと$\frac{d\ln x}{dx}=\frac{1}{x}$である。$d$は、それに続く変数の変化を意味している。前式の両辺に、xの変化であるdxをかけ、時間(t)の変化であるdtで割ると、$\frac{d\ln x}{dt}=\frac{dx/dt}{x}$が得られる。この式の右辺は、時間変化に対する$x$の変化(分子:$dx/dt$)が$x$の水準(分母:$x$)に対する割合を示しているので、「$x$の変化率」を示している。そして左辺は、時間の変化(dt)に対応するxの対数値($d\ln x$)の変化の割合を示しており、図3―1においては、横軸に示された年(時間)に対する1人当たりGDPの対数値(縦軸)の変化を表している。つまり図3―1に示されたグラフの傾きは、それぞれの国の1人当たりGDPの成長率を示している。傾きが急勾配であれば高い成長率を、緩い勾配であれば低い成長率を表している。
(2) Acemoglu and Robinson 2012
(3) Hansegard and Vogt 2013
(4) 日本経済新聞 2017
(5) Jones and Vollrath 2013, 戸堂 2015

（24） King with Knox 2002，香川 2010
（25） 田部 2010
（26） 白木 2015
（27） 村山 1996
（28） Murad with Krajeski 2017
（29） 米川 2010，松本 2004
（30） 近藤 1979
（31） 陳 1990
（32） 松本 2004
（33） 真島 1997，瀬谷 2001
（34） Kourouma 2000
（35） 瀬谷 2001
（36） UNHCR 2000
（37） 石川 2019
（38） 日下部 2019
（39） 坂口 2021
（40） UNHCR 2022b
（41） WHO and World Bank 2011
（42） 森・山形 2013
（43） Filmer 2008
（44） Eide et al. 2011
（45） 森・山形 2010
（46） 森・山形 2009，2013，2018
（47） 杉野 2007，渡辺 2003
（48） 中西 2008
（49） Galbraith 1958
（50） World Bank 2001
（51） 中国の例を知るために、Chang 2008がお勧めである。
（52） Ravallion 2016
（53） World Bank 2018
（54） Banerjee and Duflo 2011，Karlan and Appel 2011
（55） 福西 2016，山田・大野編 2021

（42） 佐藤 1999，武内 2009，緒方 2006
（43） 高橋・正木 2004
（44） 国際協力事業団国際協力総合研修所 2001
（45） 山形 2015b

【第２章】

（１） 黒崎・山形 2017
（２） Deaton 2013，Ravallion 2016
（3） 世界の物価の変動を受けて、世界銀行は2022年９月に国際貧困線を１人１日2.15米ドル（2017年価格において）に改定している。しかし本書では2022年以前のデータを用いているため、１人１日1.9米ドルの国際貧困線を用いている。
（４） Ravallion 2016，山形 2012
（５） 武内 2000
（６） 山形 2003
（７） Pilling 2022
（８） 米川 2010
（９） UNICEF 2019
（10） Beauvoir 1949
（11） 田中・大沢・伊藤編 2002
（12） World Bank 2011
（13） 辛島他監修 1992
（14） *Financial Express* 2022
（15） 内海 2003，75ページ
（16） Sen 1990
（17） Bhattacharya 2016
（18） World Bank 2011
（19） Devi 1996
（20） Martel 2013
（21） 中村・山形 2013
（22） ILO and UNICEF 2021
（23） 日下部 2018

(13) Amsden 1989, Wade 1990, 山形 1990
(14) 今岡・大野・横山 1985, Lin 2012
(15) Krueger 1984, Harrison and Rodríguez-Clare 2010
(16) 伊藤・清野 1984
(17) 山澤・平田編 1987, 藤森編 1990
(18) Akamatsu 1962, 山澤 1984, 渡辺 1985
(19) 平島・浜渦・朽木編 1990
(20) Meadows et al. 1972
(21) 平島・浜渦・朽木編 1990
(22) ケインズ(John Maynard Keynes)はマクロ経済学の創始者として知られており、経済全体の需要を喚起して景気を上げ、失業を減らすことを勧めた政策で知られている。
(23) 西島 1990
(24) 寺西 1995, マセード 1990
(25) 石川 1990, 1994
(26) Williamson 1990
(27) Cornia et al. 1987, 絵所 1997
(28) Vogel 1979
(29) 桑原 1991
(30) 佐藤 1988, 大道 1988
(31) 横田 1998, 劉 1992, 谷口編 1990
(32) World Bank 1993
(33) 小宮他 1984, 服部・佐藤編 1996, Amsden 1989, Johnson 1982, Wade 1990
(34) Dixit and Stiglitz 1977, 松山 1994
(35) Grossman and Helpman 1991
(36) 木村 2000
(37) Nurkse 1953, Myrdal 1957
(38) Rosenstein-Rodan 1943, Leibenstein 1957
(39) North 1990, Rodrik 2003, 速水 2000
(40) 青木 2008, 2014
(41) 国宗 2013

注

【はじめに】

（1） World Food Programme 2022

（2） 山形 1998

（3） 佐藤 2005，佐藤 2021，村井・甲斐田 1987，山形 1998

【第1章】

（1） 福田 1997，富永 2008

（2） Said 1978

（3） 20世紀アフリカ文学の展開については、Gordimer 1973や『週刊朝日百科　世界の文学119　アフリカの文学』等を参照

（4） 高山 1985，鳥居 1979，西川 1976も参照

（5） 追加的な労働投入が全く生産増加につながらないことを経済学的には「労働の限界生産性がゼロ」と表現する。追加的な労働投入増をΔl、これに伴う生産増をΔxと表すと、労働の限界生産性は$\frac{\Delta x}{\Delta l}$と表記される。追加的な労働投入が全く生産増につながらないのであれば、追加的に投入される労働力に対して、雇用主は賃金を払おうと思わないだろう。それほどまでに労働力が余っているのであれば、賃金増加が全くなくても労働供給が増えることになる。このような構造ゆえに余っている労働力を余剰労働力（surplus labor）と呼び、賃金が一定でも供給が増える余剰労働力を**無制限労働供給**（unlimited supply of labor）と呼ぶ。

（6） Kuznets 1971，Nurkse 1953，Hirschman 1958

（7） Leamer 1987，Lal and Myint 1996

（8） Frank 1969，Wallerstein 1974

（9） 板垣 1971，古田 1996

（10） Lin 2012の第3章を参照

（11） Oshima 1987

（12） Singer 1950，Prebisch 1962

競争――COVAX とワクチン外交の相互作用」(『国際経済』第73巻) 155-184ページ。
山形辰史・佐藤寛 (2021)「激論! SDGsってなに? SDGsは途上国の開発に役立っているの?」(『IDE スクエア』) 1-9ページ。
山澤逸平 (1984)『日本の経済発展と国際分業』東洋経済新報社。
山澤逸平・平田章編 (1987)『発展途上国の工業化と輸出促進政策』アジア経済研究所。
山田肖子・大野泉編著 (2021)『途上国の産業人材育成――SDGs時代の知識と技能』日本評論社。
横田伸子 (1998)「韓国の外国人労働者――現況と政策」(『アジ研ワールド・トレンド』No.31、1月) 8-11ページ。
米川正子 (2010)『世界最悪の紛争「コンゴ」――平和以外に何でもある国』創成社。
劉文甫 (1992)「台湾」(矢内原勝・山形辰史編『アジアの国際労働移動』アジア経済研究所) 209-227ページ。
渡辺一史 (2003)『こんな夜更けにバナナかよ――筋ジス・鹿野靖明とボランティアたち』北海道新聞社。
渡辺紫乃 (2013)「対外援助の概念と援助理念――その歴史的背景」(下村恭民・大橋英夫・日本国際問題研究所編『中国の対外援助』日本経済評論社) 19-39ページ。
渡辺利夫 (1985)『成長のアジア 停滞のアジア』東洋経済新報社。

三好皓一編（2008）『評価論を学ぶ人のために』世界思想社。

村井吉敬・ODA調査研究会編著（1989）『無責任援助大国ニッポン――フィリピン、タイ、インドネシア現地緊急リポート』JICC出版局。

村井吉敬・甲斐田万智子（1987）『誰のための援助？』岩波書店。

村山真弓（1996）「バングラデシュ縫製産業の児童労働問題」（『アジ研ワールド・トレンド』第9号、2月）27-28ページ。

森壮也・山形辰史（2009）「フィリピン障害者のエンパワメント――マニラ首都圏での障害者調査を通じて」（フォトエッセイ）（『アジ研ワールド・トレンド』第163号、4月）45-48ページ。

森壮也・山形辰史（2010）「フィリピン障害者の生計――2008年マニラ首都圏調査から」（森壮也編『途上国障害者の貧困削減――かれらはどう生計を営んでいるのか』岩波書店）59-87ページ。

森壮也・山形辰史（2013）『障害と開発の実証分析――社会モデルの観点から』勁草書房。

森壮也・山形辰史（2018）「フィリピンの障害女性・障害児の教育についての実証分析」（森壮也編『途上国の障害女性・障害児の貧困削減――数的データによる確認と実証分析』日本貿易振興機構アジア経済研究所）153-196ページ。

矢島綾・小林潤（2013）「Neglected Tropical Diseases」（日本国際保健医療学会編『国際保健医療学（第3版）』杏林書院）178-181ページ。

山形辰史（1990）「台湾――繊維産業の振興政策から貿易摩擦対策へ」（井上隆一郎・浦田秀次郎・小浜裕久編『東アジアの産業政策――新たな開発戦略を求めて』日本貿易振興会）80-109ページ。

山形辰史（1998）「開発は何のため？」（山形辰史編『やさしい開発経済学』アジア経済研究所）2-9ページ。

山形辰史（2003）「HIV／エイズ、結核、マラリアの予防薬・治療薬開発」（平野克己編『アフリカ経済学宣言』日本貿易振興機構アジア経済研究所）385-418ページ。

山形辰史（2006）「繊維製品貿易――自由化の帰趨」（『アジ研ワールド・トレンド』No.125、2月）20-23ページ。

山形辰史（2011）「バングラデシュの電気自動車――電力不足地域で未来先取り？」（フォト・エッセイ）（『アジ研ワールド・トレンド』No.195、12月）43-46ページ。

山形辰史（2012）「所得貧困――貧しさを量的に把握するために」（勝間靖編『テキスト国際開発論』ミネルヴァ書房）25-39ページ。

山形辰史（2015a）「政府開発援助」（黒岩郁雄・高橋和志・山形辰史編『テキストブック開発経済学（第3版）』有斐閣）170-184ページ。

山形辰史（2015b）「MDGsを超えてSDGsへ――国際開発の行方」（『アジ研ワールド・トレンド』No.232、2月）20-25ページ。

山形辰史（2018）「MDGsからSDGsへ――理想主義から一国中心主義へ」（『経済セミナー』第701号、4/5月）40-44ページ。

山形辰史（2022）「開発途上国へのCOVID-19ワクチン供給のための協調と

メリカのインフレーション』アジア経済研究所）19-50ページ。

『日本経済新聞』（2017）「ユニクロ、アフリカ生産　アジアより労働コスト低く」12月27日。

『日本経済新聞』（2022）「アフリカ初のコロナワクチン工場　需要低迷、閉鎖の瀬戸際」6月2日。

『日本経済新聞』（2014）「ODA大綱見直し、「積極的平和主義」を反映　中国の存在感 意識」1月28日。

日本経済団体連合会（2017）『企業行動憲章　実行の手引き（第8版）』同会（https://www.keidanren.or.jp/policy/cgcb/tebiki8.html）。

日本郵政グループ（2022）「SDGs Book」日本郵政グループ（https://www.japanpost.jp/sustainability/library/sdgs/）。

野上裕生（2007）『人間開発の政治経済学』日本貿易振興機構アジア経済研究所。

服部民夫・佐藤幸人編（1996）『韓国・台湾の発展メカニズム』アジア経済研究所。

速水佑次郎（2000）『開発経済学——諸国民の貧困と富（新版）』創文社。

平島成望・浜渦哲雄・朽木昭文編（1990）『一次産品入門』アジア経済研究所。

福田安志（1997）「インド洋交渉史」（宮本正興・松田素二編『新書アフリカ史』講談社）210-248ページ。

福西隆弘（2016）「職業教育の就業に対する効果——分析フレームワークの整理」（『アフリカ教育研究』第7号）41-56ページ。

藤森英男編（1990）『アジア諸国の産業政策』アジア経済研究所。

古田元夫（1996）『アジアのナショナリズム』山川出版社。

真島一郎（1997）「リベリア内戦史資料（1989〜1997）——国際プレス記事読解のために」（武内進一編『現代アフリカの紛争を理解するために』アジア経済研究所）117-195ページ。

マセード，ロベルト（浜口伸明訳）（1990）「ブラジルのマクロ経済問題とバイタリティ」（西島章次編『ラテンアメリカのインフレーション』アジア経済研究所）125-160ページ。

松井やより・R. ルプレヒト編（1992）『NGO、ODA援助は誰のためか——日本とドイツと第三世界』明石書店。

松本仁一（2004）『カラシニコフ』朝日新聞社。

松山公紀（1994）「独占的競争の一般均衡モデル」（岩井克人・伊藤元重編『現代の経済理論』東京大学出版会）103-137ページ。

みずほ情報総研株式会社（2012）『「貿易のための援助」の評価（第三者評価）報告書——平成23年度外務省ODA評価』外務省。

南定四郎（2001）「ゲイコミュニティとエイズ」（エイズ&ソサエティ研究会議『エイズを知る』角川書店）57-70ページ。

南博・稲場雅紀（2020）『SDGs——危機の時代の羅針盤』岩波書店。

宮田一雄（2001）「エイズ二十年史試論・序説」（エイズ&ソサエティ研究会議編『エイズを知る』角川書店）11-25ページ。

高橋基樹（2001）「アフリカにおけるセクター・プログラム――貧困削減に向けた開発パートナーシップ」（『国際協力研究』第17巻第2号、通巻34号）9-19ページ。

高橋基樹・正木響（2004）「構造調整政策――枠組み、実施状況と帰結」（北川勝彦・高橋基樹編著『アフリカ経済論』ミネルヴァ書房）95-116ページ。

高橋和志（2010）「農業技術革新――奇跡の米が歩んだ軌跡」（高橋和志・山形辰史編著『国際協力ってなんだろう――現場に生きる開発経済学』岩波書店）142-148ページ。

髙山晟（1985）「開発経済学の現状」（安場保吉・江崎光男編『経済発展論』創文社）277-350ページ。

詫摩佳代（2020）『人類と病――国際政治から見る感染症と健康格差』中央公論新社。

武内進一（2000）「序章　アフリカの紛争――その今日的特質についての考察」（武内進一編『現代アフリカの紛争――歴史と主体』日本貿易振興機構アジア経済研究所）3-52ページ。

武内進一（2009）『現代アフリカの紛争と国家――ポストコロニアル家産制国家とルワンダ・ジェノサイド』明石書店。

田中由美子・大沢真理・伊藤るり編著（2002）『開発とジェンダー――エンパワーメントの国際協力』国際協力出版会。

谷口興二編（1990）『台湾・韓国の海外投資の展開』アジア経済研究所。

田部昇（2010）『インド　児童労働の地をゆく』日本貿易振興機構アジア経済研究所。

陳凱歌（刈間文俊訳）（1990）『私の紅衛兵時代――ある映画監督の青春』講談社。

寺西重郎（1995）『経済開発と途上国債務』東京大学出版会。

戸堂康之（2015）『開発経済学入門』新世社。

富永智津子（2008）『スワヒリ都市の盛衰』山川出版社。

鳥居泰彦（1979）『経済発展理論』東洋経済新報社。

中尾武彦（2020）『アジア経済はどう変わったか――アジア開発銀行総裁日記』中央公論新社。

中西由起子（2008）「途上国での自立生活運動発展の可能性に関する考察」（森壮也編『障害と開発――途上国の障害当事者と社会』日本貿易振興機構アジア経済研究所）229-256ページ。

中村まり・山形辰史（2013）「序章　児童労働撤廃に向けた新しいアプローチ」（中村まり・山形辰史編『児童労働撤廃に向けて――今、私たちにできること』日本貿易振興機構アジア経済研究所）1-32ページ。

新山智基（2011）『世界を動かしたアフリカのHIV陽性者運動――生存の視座から』生活書院。

西川潤（1976）『経済発展の理論』日本評論社。

西垣昭・下村恭民（1997）『開発援助の経済学――「共生の世界」と日本のODA（新版）』有斐閣。

西島章次（1990）「インフレーションのメカニズム」（西島章次編『ラテンア

久保研介（2006）「特許制度改革下におけるインド製薬産業の動向」（内川秀二編『躍動するインド経済――光と陰』日本貿易振興機構アジア経済研究所）242-267ページ。

黒崎卓・山形辰史（2017）『開発経済学――貧困削減へのアプローチ（増補改訂版）』日本評論社。

桑原靖夫（1991）『国境を越える労働者』岩波書店。

国際協力事業団国際協力総合研修所（2001）『貧困削減に関する基礎研究』国際開発事業団。

小林尚行（2018）「保健セクターにおける援助調整についての一考察――ミャンマーにおける開発援助を事例として」（『国際開発研究』第27巻第2号、11月）139-158ページ。

小林誉明（2013）「対外援助の規模、活動内容、担い手と仕組み」（下村恭民・大橋英夫・日本国際問題研究所編『中国の対外援助』日本経済評論社）41-58ページ。

小宮隆太郎・奥野正寛・鈴村興太郎編（1984）『日本の産業政策』東京大学出版会。

近藤紘一（1979）『戦火と混迷の日々――悲劇のインドシナ　内藤泰子さんの体験を追いつつ』サンケイ出版。

坂口安紀（2021）『ベネズエラ――溶解する民主主義、破綻する経済』中央公論新社。

坂田和光（2014）「英国の開発援助政策――援助額対 GNI 比0.7%の目標を達成した英国」（『レファレンス』第64巻第11号、11月）29-51ページ。

佐藤章（1999）「資料　図表でみるアフリカの主要な紛争」（『アジ研ワールド・トレンド』No.43、3月）4-5ページ。

佐藤仁（2021）「バナナ売りのおばあさんは何を考えているか――国際協力の相手を想う」（松本悟・佐藤仁編著『国際協力と想像力――イメージと「現場」のせめぎ合い』日本評論社、1-21ページ。

佐藤寛（2005）『開発援助の社会学』世界思想社。

佐藤幸人（1988）「韓国、台湾の繊維輸出と貿易摩擦」（林俊昭編『アジアの工業化 II――貿易摩擦への対応』アジア経済研究所）117-148ページ。

下村恭民（2020）『日本型開発協力の形成――政策史1・1980年代まで』東京大学出版会。

下村恭民・大橋英夫・日本国際問題研究所編（2013）『中国の対外援助』日本経済評論社。

『週刊朝日百科　世界の文学119　アフリカの文学』（2001）、朝日新聞社。

白木朋子（2015）『子どもたちにしあわせを運ぶチョコレート。――世界から児童労働をなくす方法』合同出版。

杉野昭博（2007）『障害学――理論形成と射程』東京大学出版会。

瀬谷ルミ子（2001）「紛争という日常からの社会復帰――シエラレオネの児童兵」（『アフリカレポート』第33号、9月）41-44ページ。

高田倫志（2022）「コロナ後発薬、途上国向けに特許開放へ――ファイザーなど、費用30分の1で普及に期待」（『日本経済新聞』5月15日）。

参考文献

石川和雅（2019）「「複雑な」歴史を考える――ロヒンギャ問題の歴史的背景」（日下部尚徳・石川和雅編著『ロヒンギャ問題とは何か――難民になれない難民』明石書店）99-124ページ。

板垣與一（1971）「南北問題とエコノミック・ナショナリズム」（東畑精一監修、板垣與一編『南北問題』東洋経済新報社）1-34ページ。

伊藤元重・清野一治（1984）「貿易と直接投資」（小宮隆太郎・奥野正寛・鈴村興太郎編『日本の産業政策』東京大学出版会）133-157ページ。

今岡日出紀・大野幸一・横山久（1985）「複線型工業発展の論理と背景」（今岡日出紀・大野幸一・横山久編『中進国の工業発展――複線型成長の論理と実証』アジア経済研究所）3-10ページ。

内海夏子（2003）『ドキュメント　女子割礼』集英社。

絵所秀紀（1997）『開発の政治経済学』日本評論社。

大道康則（1988）「韓国、台湾の電子産業の発展と貿易摩擦」（林俊昭編『アジアの工業化II――貿易摩擦への対応』アジア経済研究所）181-209ページ。

緒方貞子（2006）『紛争と難民　緒方貞子の回想』集英社。

外務省国際協力局（2015）「開発協力大綱の決定」外務省（https://www.mofa.go.jp/mofaj/gaiko/oda/files/000072775.pdf）。

外務省国際協力局政策課（2022）「開発協力大綱の改定について（改定の方向性）」9月9日、外務省。

外務省大臣官房ODA評価室（2021）『ODA評価ガイドライン』外務省大臣官房ODA評価室（https://www.mofa.go.jp/mofaj/gaiko/oda/files/100205689.pdf）。

香川孝三（2010）『グローバル化の中のアジアの児童労働――国際競争にさらされる子どもの人権』明石書店。

蟹江憲史（2020）『SDGs（持続可能な開発目標）』中央公論新社。

狩野繁之（2015）「マラリアとグローバル・ヘルス」（『医学のあゆみ』第253巻第1号、4月4日）105-110ページ。

辛島昇他監修（1992）『南アジアを知る事典』平凡社。

川合周作・山形辰史（2009）「ワクチン買取補助金事前保証制度――低所得国の購買力の肩代わり」（『アジ研ワールド・トレンド』No.167、8月）4-7ページ。

紀谷昌彦・山形辰史（2019）『私たちが国際協力する理由――人道と国益の向こう側』日本評論社。

木村福成（2000）『国際経済学入門』日本評論社。

日下部尚徳（2018）『わたし8歳、職業、家事使用人。――世界の児童労働者1億5200万人の1人』合同出版。

日下部尚徳（2019）「ロヒンギャ問題再燃をめぐる地政学」（日下部尚徳・石川和雅編『ロヒンギャ問題とは何か――難民になれない難民』明石書店）14-36ページ。

国宗浩三（2013）『IMF改革と通貨危機の理論――アジア通貨危機の宿題』勁草書房。

Oxford University Press.（西川潤監訳、五十嵐友子訳『世界開発報告2000/2001――貧困との闘い』シュプリンガー・フェアラーク東京、2002年）.
World Bank (2011), *World Development Report 2012: Gender Equality and Development*, World Bank.（田村勝省・穴水由紀子訳『世界開発報告2012――ジェンダーの平等と開発』一灯舎、2012年）.
World Bank (2018), *World Development Report 2018: Learning to Realize Education's Promise*, World Bank.（田村勝省訳『世界開発報告2018――教育と学び　可能性を実現するために』一灯舎、2018年）.
World Bank (2021), *Annual Report 2021: From Crisis to Green, Resilient, and Inclusive Recovery*, World Bank.（『世界銀行年次報告2021』世界銀行、2021年）.
World Commission on Environment and Development (WCED) (1987), *Our Common Future*, Oxford University Press.
World Food Programme (2022), *WFP Yemen Situation Report #11*, November.
World Health Organization (WHO) (2013), *World Health Statistics 2013*, WHO.
World Health Organization (WHO) and World Bank (2011), *World Report on Disability*, WHO.
Yamagata, Tatsufumi (2016), "Sustainable Development Goals and Japan: Sustainability Overshadows Poverty Reduction," *Asia-Pacific Development Journal*, Vol.23, No.2, December, pp.1-17.
Yamagata, Tatsufumi (2022), "Japan's Approach to the SDGs: Decoupling Between the SDGs and International Development," in Huck-ju Kwon, Tatsufumi Yamagata, Eunju Kim and Hisahiro Kondoh eds., *International Development Cooperation of Japan and South Korea: New Strategies for an Uncertain World*, Palgrave Macmillan, pp.259-282.
Yunus, Muhammad with Alan Jolis (1997), *Vers un Monde sans Pauvreté*, Éditions Jean-Claude Lattès.（猪熊弘子訳『ムハマド・ユヌス自伝――貧困なき世界をめざす銀行家』早川書房、1998年）.

【日本語文献】

青木昌彦（2008）『比較制度分析序説――経済システムの進化と多元性』講談社。

青木昌彦（2014）『青木昌彦の経済学入門――制度論の地平を拡げる』筑摩書房。

あずさ監査法人・外務省（2016）『平成27年度外務省ODA評価　ベトナム国別評価（第三者評価）報告書』外務省。

石川滋（1990）『開発経済学の基本問題』岩波書店。

石川滋（1994）「構造調整――世銀方式の再検討」（『アジア経済』第35巻第11号、11月）2-32ページ。

石川博友（1981）『穀物メジャー――食糧戦略の「陰の支配者」』岩波書店。

Borrowing Countries," *American Economic Review*, Vol.40, No.2, May, pp.473-485.
Takasu, Naoko and Tatsufumi Yamagata (2022), "Distribution of COVID-19 Vaccines to 49 Sub-Saharan African Countries: Which Vaccines Go Where and How?," *Ritsumeikan Journal of Asia Pacific Studies*, Vol.40, pp.83-111.
United Nations Children's Fund (UNICEF) (2019), *UNICEF Yemen Humanitarian Situation Report April 2019*, UNICEF.
United Nations Environment Programme (UNEP) and Office of the High Commissioner for Human Rights (OHCHR) (2015), "Universality in the Post 2015 Sustainable Development Agenda," UNEP Post 2015 Note #9, UNEP (https://wedocs.unep.org/20.500.11822/8721).
United Nations High Commissioner for Refugees (UNHCR) (2000), *The State of the World's Refugees 2000: Fifty Years of Humanitarian Action*, Oxford University Press. (UNHCR日本・韓国地域事務所広報室訳・編『世界難民白書2000——人道行動の50年史』時事通信社、2001年).
United Nations High Commissioner for Refugees (UNHCR) (2022a), *Global Trends: Forced Displacement in 2021*, UNHCR.
United Nations High Commissioner for Refugees (UNHCR), Regional Bureau for Europe (2022b), *Ukraine Situation Flash Update*, No.28, September 2, UNHCR.
Vogel, Ezra F. (1979), *Japan as Number One: Lessons for America*, Harvard University Press. (広中和歌子・木本彰子訳『ジャパン アズ ナンバーワン——アメリカへの教訓』TBSブリタニカ、1979年).
Wade, Robert (1990), *Governing the Market: Economic Theory and the Role of Government in East Asian Industrialization*, Princeton University Press.
Wallerstein, Immanuel (1974), *The Modern World-System I: Capitalist Agriculture and the Origins of the European World-Economy in the Sixteenth Century*, Academic Press. (川北稔訳『近代世界システムI——農業資本主義と「ヨーロッパ世界経済」の成立』岩波書店、1981年).
Williamson, John (1990), "What Washington Means by Policy Reform," in John Williamson, ed., *Latin American Adjustment: How Much Has Happened?*, Peterson Institute for International Economics, pp.7-20.
World Bank (1993), *The East Asian Miracle: Economic Growth and Public Policy*, Oxford University Press. (白鳥正喜監訳『東アジアの奇跡——経済成長と政府の役割』東洋経済新報社、1994年).
World Bank (1997), *Confronting AIDS: Public Priorities in a Global Epidemic*, Oxford University Press. (喜多悦子・西川潤訳『経済開発とエイズ』東洋経済新報社、1999年).
World Bank (1998), *Assessing Aid: What Works, What Doesn't, and Why*, Oxford University Press. (小浜裕久・冨田陽子訳『有効な援助——ファンジビリティと援助政策』東洋経済新報社、2000年).
World Bank (2001), *World Development Report 2000/2001: Attacking Poverty*,

Rodrik, Dani ed. (2003), *In Search of Prosperity: Analytic Narratives on Economic Growth*, Princeton University Press.
Romer, Paul M. (1993), "Two Strategies for Economic Development: Using Ideas and Producing Ideas," in Lawrence H. Summers and Shekhar Shah eds., *Proceedings of the World Bank Annual Conference on Development Economics 1992*, World Bank, pp.63-91.
Rosenstein-Rodan, Paul N. (1943), "Problems of Industrialization of Eastern and South-Eastern Europe," *Economic Journal*, Vol.53, No.210/211, June-September, pp.202-211.
Rosling, Hans with Ola Rosling and Anna Rosling Rönnlund (2018), *Factfulness: Ten Reasons We're Wrong about the World - and Why Things Are Better Than You Think*, Flatiron.(上杉周作・関美和訳『FACTFULNESS——10の思い込みを乗り越え、データを基に世界を正しく見る習慣』日経BP社、2019年).
Rostow, W. W. (1960), *The Stages of Economic Growth: A Non-Communist Manifesto*, Cambridge University Press.(木村健康・久保まち子・村上泰亮訳『経済成長の諸段階——一つの非共産主義宣言』ダイヤモンド社、1961年).
Said, Edward W. (1978), *Orientalism*, Georges Borchardt Inc.(板垣雄三・杉田英明監修、今沢紀子訳『オリエンタリズム(上・下)』平凡社、1993年).
Scheidel, Walter (2017), *The Great Leveler: Violence and the History of Inequality from the Stone Age to the Twenty-First Century*, Princeton University Press.(鬼澤忍・塩原通緒訳『暴力と不平等の人類史——戦争・革命・崩壊・疫病』東洋経済新報社、2019年).
Schmookler, Jacob (1966), *Invention and Economic Growth*, Harvard University Press.
Schumacher, Ernst Friedrich (1973), *Small is Beautiful: A Study of Economics as if People Mattered*, Blond and Briggs.(小島慶三・酒井懋訳『スモール・イズ・ビューティフル』講談社、1986年).
Schumpeter, Joseph A. (1912), *Theorie der Wirtschaftlichen Entwicklung*, Duncker & Humblot.(塩野谷祐一・中山伊知郎・東畑精一訳『経済発展の理論(上・下)』岩波書店、1977年).
Sen, Amartya (1981), *Poverty and Famines: An Essay on Entitlement and Deprivation*, Clarendon Press.(黒崎卓・山崎幸治訳『貧困と飢饉』岩波書店、2000年).
Sen, Amartya (1990), "More than 100 Million Women Are Missing," *New York Review of Books*, Vol.30, Issue 20, pp.61-66.
Sen, Amartya (1992), *Inequality Reexamined*, Oxford University Press.(池本幸生・野上裕生・佐藤仁訳『不平等の再検討——潜在能力と自由』岩波書店、2018年).
Singer, Hans W. (1950), "The Distribution of Gains between Investing and

Myrdal, Gunnar (1957), *Economic Theory and Under-Developed Regions*, Gerald Duckworth. (小原敬士訳『経済理論と低開発地域』東洋経済新報社、1959年).
Naya, Seiji (1988), "Role of Trade Policies: Competition and Cooperation," in Shinichi Ichimura, ed., *Challenge of Asian Developing Countries*, Asian Productivity Organization, pp.169-202.
New Development Bank (NDB) (2021), *NDB Annual Report 2020*, NDB.
North, Douglass C. (1990), *Institutions, Institutional Change and Economic Performance*, Cambridge University Press. (竹下公視訳『制度・制度変化・経済成果』晃洋書房、1994年).
Nurkse, Ragnar (1953), *Problems of Capital Formation in Underdeveloped Countries*, Basil Blackwell. (土屋六郎訳『後進諸国の資本形成』巌松堂出版、1955年).
Organisation for Economic Co-operation and Development (OECD) (1996), *Development Co-operation Review Series No.13, Japan*, OECD.
Organisation for Economic Co-operation and Development (OECD) (2002), "History of the 0.7% ODA Target," *DAC Journal*, Vol.3, No.4, pp.III9-III11.
Organisation for Economic Co-operation and Development (OECD) (2005), *The Paris Declaration on Aid Effectiveness*, OECD.
Organisation for Economic Co-operation and Development (OECD) (2020), *OECD Development Co-operation Peer Reviews: Japan 2020*, OECD.
Orwell, George (1936), "Shooting an Elephant," *New Writing*. (井上摩耶子訳「象を撃つ」、川端康雄編『オーウェル評論集Ⅰ　象を撃つ』平凡社、1995年に収録).
Oshima, Harry T. (1987), *Economic Growth in Monsoon Asia: A Comparative Survey*, University of Tokyo Press. (渡辺利夫・小浜裕久監訳『モンスーンアジアの経済発展』勁草書房、1989年).
Pilling, David (2022), "Why Famine in Madagascar Is an Alarm Bell for the Planet," *Financial Times*, August 3.
Prebisch, Raúl (1962), "The Economic Development of Latin America and Its Principal Problems," *Economic Bulletin for Latin America*, Vol.7, No.1, February, pp.1-22.
Ranis, Gustav and John C. H. Fei (1961), "A Theory of Economic Development," *American Economic Review*, Vol.51, No.4, September, pp.533-565.
Ravallion, Martin (2016), *The Economics of Poverty: History, Measurement, and Policy*, Oxford University Press. (柳原透監訳『貧困の経済学(上・下)』日本評論社、2018年).
Rodrik, Dani (2009), "The New Development Economics: We Shall Experiment, but How Shall We Learn?" in Jessica Cohen and William Easterly, eds., *What Works in Development?: Thinking Big and Thinking Small*, Brookings Institution Press, pp.24-47.

and Growth: A Comparative Study, Clarendon Press.

Leamer, Edward (1987), "Paths of Development in Three-Factor, *n*-Good General Equilibrium Model," *Journal of Political Economy*, Vol.95, No.5, October, pp.961-999.

Lee, Jean N., Jonathan Morduch, Saravana Ravindran, Abu Shonchoy, and Hassan Zaman (2021), "Poverty and Migration in the Digital Age: Experimental Evidence on Mobile Banking in Bangladesh," *American Economic Journal: Applied Economics*, Vol.13, No.1, January, pp.38-71.

Leibenstein, Harvey (1957), *Economic Backwardness and Economic Growth: Studies in the Theory of Economic Development*, John Wiley & Sons.（矢野勇訳『経済的後進性と経済成長——経済発展理論の研究』紀伊國屋書店、1960年）.

Lewis, W. Arthur (1954), "Economic Development with Unlimited Supplies of Labour," *Manchester School of Economics and Social Studies*, Vol.22, No.2, May, pp.139-191.

Lin, Justin Yifu (2012), *The Quest for Prosperity: How Developing Economies Can Take Off*, Princeton University Press.（小浜裕久監訳『貧困なき世界——途上国初の世銀チーフ・エコノミストの挑戦』東洋経済新報社、2016年）.

Malik, Ammar A., Bradley Parks, Brooke Russell, Joyce Jiahui Lin, Katherine Walsh, Kyra Solomon, Sheng Zhang, Thai-Binh Elston and Seth Goodman (2021), *Banking on the Belt and Road: Insights from a New Global Dataset of 13,427 Chinese Development Projects*, AidData at William & Mary.

Martel, Frédéric (2013), *Global Gay: Comment la Révolution Gay Change le Monde*, Flammarion.（林はる芽訳『現地レポート　世界LGBT事情——変わりつつある人権と文化の地政学』岩波書店、2016年）.

Marx, Karl (1867), *Das Kapital*, Otto Meissner.（向坂逸郎訳『資本論（全9巻）』岩波書店、1969-70年）.

Meadows, Donella H., Dennis L. Meadows, Jørgen Randers and William W. Behrens III (1972), *The Limits to Growth: A Report for the Club of Rome's Project on the Predicament of Mankind*, Universe Books.（大来佐武郎監訳『成長の限界——ローマ・クラブ「人類の危機」レポート』ダイヤモンド社、1972年）.

Mokyr, Joel (1990), *The Lever of Riches: Technological Creativity and Economic Progress*, Oxford University Press.

Moyo, Dambisa (2009), *Dead Aid: Why Aid is Not Working and How There is a Better Way for Africa*, Farrar, Straus and Giroux.（小浜裕久監訳『援助じゃアフリカは発展しない』東洋経済新報社、2010年）.

Murad, Nadia with Jenna Krajeski (2017), *The Last Girl: My Story of Captivity, and My Fight against the Islamic State*, Tim Duggan Books.（吉井智津訳『THE LAST GIRL——イスラム国に囚われ、闘い続ける女性の物語』東洋館出版社、2018年）.

Joint United Nations Programme on HIV/AIDS (UNAIDS) (2021), "Global HIV & AIDS Statistics: 2020 Fact Sheet," UNAIDS (https://www.unaids.org/en/resources/fact-sheet).

Jones, Charles I. and Dietrich Vollrath (2013), *Introduction to Economic Growth*, Third Edition, W. W. Norton & Company.（香西泰監訳『経済成長理論入門――新古典派から内生的成長理論へ』日本経済新聞出版社、1999年）.

Karlan, Dean and Jacob Appel (2011), *More Than Good Intentions: Improving the Ways the World's Poor Borrow, Save, Farm, Learn, and Stay Healthy*, Plume.（清川幸美訳『善意で貧困はなくせるのか？――貧乏人の行動経済学』みすず書房、2013年）.

Kharas, Homi, Koji Makino and Woojin Jung, eds. (2011), Catalyzing *Development: A New Vision for Aid*, Brookings Institution Press.

King, Matthew A. with Ryan L. Knox (2002), *Working Children in Bangladesh*, Save the Children.

Kitano, Naohiro and Yukinori Harada (2016), "Estimating China's Foreign Aid 2001-2013," *Journal of International Development*, Vol.28, No.7, pp.1050-1074.

Kourouma, Ahmadou (2000), *Allah n'est pas Obligé*, Éditions du Seuil.（真島一郎訳『アラーの神にもいわれはない――ある西アフリカ少年兵の物語』人文書院、2003年）.

Kremer, Michael, Jonathan Levin and Christopher M. Snyder (2020), "Advance Market Commitments: Insights from Theory and Experience," *American Economic Association Papers and Proceedings*, Vol.110, May, pp.269-273.

Kremer, Michael and Rachel Glennerster (2004), *Strong Medicine: Creating Incentives for Pharmaceutical Research on Neglected Diseases*, Princeton University Press.

Krueger, Anne O. (1984), "Trade Policies in Developing Countries," in Ronald W. Jones and Peter B. Kenen, eds., *Handbook of International Economics*, Vol.1, Elsevier Science Publishers B. V., pp.519-569.

Krugman, Paul R. (1995), "The Fall and Rise of Development Economics," in Paul R. Krugman, *Development, Geography, and Economic Theory*, MIT Press, pp.1-29.（高中公男訳『経済発展と産業立地の理論――開発経済学と経済地理学の再評価』文眞堂、1999年）.

Kuznets, Simon (1971), *Economic Growth of Nations: Total Output and Production Structure*, Belknap Press of Harvard University Press.（西川俊作・戸田泰訳『諸国民の経済成長――総生産高および生産構造』ダイヤモンド社、1977年）.

Kuznets, Simon (1979), "Growth and Structural Shifts," in Walter Galenson ed., *Economic Growth and Structural Change in Taiwan: The Postwar Experience of the Republic of China*, Cornell University Press, pp.15-131.

Lal, Deepak and Hla Myint (1996), *The Political Economy of Poverty, Equity,*

Kiel Institute for the World Economy, Center for Global Development, and AidData at William & Mary.
Gerschenkron, Alexander (1962), *Economic Backwardness in Historical Perspective*, Belknap Press of Harvard University Press.（池田美智子訳『経済後進性の史的展望』日本経済評論社、2016年）.
Gertler, Paul J., Sebastian Martinez, Patrick Premand, Laura B. Rawlings and Christel M. J. Vermeersch (2016), *Impact Evaluation in Practice*, Second Edition, Inter-American Development Bank and World Bank Group.
Gordimer, Nadine (1973), *The Black Interpreters: Notes on African Writing*, Spro-Cas/Ravan.（土屋哲訳『現代アフリカの文学』岩波書店、1975年）.
Greening, Justine (2013), "Development in Transition," Speech, Department for International Development, United Kingdom, Feb. 7 (https://www.gov.uk/government/speeches/justine-greening-development-in- transition).
Grossman, Gene M. and Elhanan Helpman (1991), *Innovation and Growth in the Global Economy*, MIT Press.（大住圭介監訳『イノベーションと内生的経済成長――グローバル経済における理論分析』創文社、1998年）.
Hansegard, Jens and Heidi Vogt (2013), "H&M Looks to Source Clothing from Ethiopia," *Wall Street Journal*, August 15.
Hardin, Garrett (1968), "The Tragedy of the Commons," *Science*, Vol.162, No.3859, pp.1243-1248.
Harris, John R. and Michael P. Todaro (1970), "Migration, Unemployment and Development: A Two-Sector Analysis," *American Economic Review*, Vol.60, No.1, March, pp.126-142.
Harrison, Ann and Andrés Rodríguez-Clare (2010), "Trade, Foreign Investment, and Industrial Policy for Developing Countries," in Dani Rodrik and Mark Rosenzweig, eds., *Handbook of Development Economics*, Vol.5, Elsevier B. V., pp.4039-4214
Hirschman, Albert O. (1958), *The Strategy of Economic Development*, Yale University Press.（小島清監修、麻田四郎訳『経済発展の戦略』巌松堂出版、1961年）.
Hulme, David (2016), *Should Rich Nations Help the Poor?*, Polity Press.（佐藤寛監訳、太田美帆・土橋喜人・田中博子・紺野奈央訳『貧しい人を助ける理由――遠くのあの子とあなたのつながり』日本評論社、2017年）.
Internal Displacement Monitoring Centre (IDMC) (2022), *Global Report on Internal Displacement 2022*, IDMC.
International Labour Organization (ILO) (2017), *Global Estimates of Child Labour: Results and Trends, 2012-2016*, International Labour Office.
International Labour Organization (ILO) and United Nations Children's Fund (UNICEF) (2021), *Child Labour: Global Estimates 2020, Trends and the Road Forward*, ILO and UNICEF.
Johnson, Chalmers (1982), *MITI and the Japanese Miracle: The Growth of Industrial Policy, 1925-1975*, Stanford University Press.

Optimum Product Diversity," *American Economic Review*, Vol.67, No.3, June, pp.297-308.
Economist (2002), "AIDS: Hope for the Best. Prepare for the Worst," July 13.
Economist (2017), "Migrants with Mobiles: Phones are Now Indispensable for Refugees," February 11.
Economist (2020), "East Africa is Reeling from an Invasion of Locusts: Prescient Warnings Failed to Prevent the Crisis," February 1.
Economist (2021), "Vaccinating the World: The Great Task," January 9.
Economist (2022), "Are the Russian Covid-vaccine Results Accurate?: A New Study Calls into Question a Published Clinical Trial," June 25.
Eide, Arne H., Mitch E. Loeb, Sekai Nhiwatiwa, Alister Munthali, Thabale J. Ngulube and Gert van Rooy (2011), "Living Conditions among People with Disabilities in Developing Countries," in Arne H. Eide and Benedicte Ingstad, eds., *Disability and Poverty: A Global Challenge*, Policy Press, pp.55-70.
Feenstra, Robert C., Robert Inklaar and Marcel P. Timmer (2015), "The Next Generation of the Penn World Table," *American Economic Review*, Vol.105, No.10, October, pp.3150-3182.
Filmer, Deon (2008), "Disability, Poverty, and Schooling in Developing Countries: Results from 14 Household Surveys," *World Bank Economic Review*, Vol.22, No.1, pp.141-163.
Financial Express (Bangladesh) (2022), "Wife 'Killed' by Husband for Dowry in Satkhira," August 1.
Financial Times (2008), "US and Japan Fight Overseas Aid Proposals," September 4.
Financial Times (2021), "Montenegro Asks Brussels for Help with China Loan for Road Project," April 12.
Financial Times (2022a), "Zambia's President Vows Not to Favour Chinese Creditors in Restructuring," January 31.
Financial Times (2022b), "Ecuador Deal on Debt Relief Restructuring Boosts Ties with China," September 21.
Frank, Andre Gunder, (1969), *Latin America: Underdevelopment or Revolution. Essays on the Development of Underdevelopment and the Immediate Enemy*, Monthly Review Press.（大崎正治・前田幸一・中尾久訳『世界資本主義と低開発——収奪の《中枢―衛星》構造』柘植書房、1979年）.
Furnivall, John Sydenham (1948), *Colonial Policy and Practice: A Comparative Study of Burma and Netherlands India*, Cambridge University Press.
Galbraith, John Kenneth (1958), *The Affluent Society*, Hamish Hamilton.（鈴木哲太郎訳『ゆたかな社会（決定版）』岩波書店、2006年）.
Gelpern, Anna, Sebastian Horn, Scott Morris, Brad Parks and Christoph Trebesch (2021), *How China Lends: A Rare Look into 100 Debt Contracts with Foreign Governments*, Peterson Institute for International Economics,

Chenery and T. N. Srinivasan, eds., *Handbook of Development Economics*, Vol.1, Elsevier Science Publishers, pp.631-711.
Bhattacharya, Suryatapa (2016), "India Fights Illicit Sex-Selective Abortions," *Wall Street Journal*, February 1.
Boeke, Julius Herman (1953), *Economics and Economic Policy of Dual Societies, as Exemplified by Indonesia*, H.D. Tjeenk Willink.（永易浩一訳『二重経済論――インドネシア社会における経済構造分析』秋董書房、1979年）.
Brautigam, Deborah (2009), *The Dragon's Gift: The Real Story of China in Africa*, Oxford University Press.
Chang, Leslie T. (2008), *Factory Girls: From Village to City in a Changing China*, Spiegel & Grau.（栗原泉訳『現代中国女工哀史』白水社、2010年）.
Chenery, Hollis B. and Alan M. Strout (1966), "Foreign Assistance and Economic Growth," *American Economic Review*, Vol.56, No.4, Part 1, September, pp.679-733.
Christensen, Clayton M. (1997), *The Innovator's Dilemma: When New Technologies Cause Great Firms to Fail*, Harvard Business School Press.（玉田俊平太監修、伊豆原弓訳『イノベーションのジレンマ――技術革新が巨大企業を滅ぼすとき（増補改訂版）』翔泳社、2001年）.
Commission on Human Security (2003), *Human Security Now: Protecting and Empowering People*, Commission on Human Security.（人間の安全保障委員会事務局編『安全保障の今日的課題――人間の安全保障委員会報告書』朝日新聞社、2003年）.
Conrad, Joseph (1899), *Heart of Darkness*, Blackwood's Magazine（黒原敏行訳『闇の奥』光文社、2009年）.
Cornia, Giovanni Andrea, Richard Jolly and Frances Stewart, eds. (1987), *Adjustment with a Human Face, Vol. I, Protecting the Vulnerable and Promoting Growth*, Clarendon Press.
Deaton, Angus (2013), *The Great Escape: Health, Wealth, and the Origins of Inequality*, Princeton University Press.（松本裕訳『大脱出――健康、お金、格差の起原』みすず書房、2014年）.
Devi, Phoolan with Marie-Thérèse Cuny and Paul Rambali (1996), *Moi, Phoolan Devi, reine des bandits: Document*, Éditions Fixot.（武者圭子訳『女盗賊プーラン（上・下）』草思社、1997年）.
Diamond, Jared (1997), *Guns, Germs, and Steel: The Fates of Human Societies*, W. W. Norton.（倉骨彰訳『銃・病原菌・鉄――1万3000年にわたる人類史の謎』草思社、2000年）.
Diamond, Jared and James A. Robinson, eds. (2010), *Natural Experiments of History*, Belknap Press of Harvard University Press.（小坂恵理訳『歴史は実験できるのか――自然実験が解き明かす人類史』慶應義塾大学出版会、2018年）.
Dixit, Avinash K. and Joseph E. Stiglitz (1977), "Monopolistic Competition and

参考文献

【欧文文献】

Acemoglu, Daron (2002), "Directed Technical Change," *Review of Economic Studies*, Vol.69, No.4, October, pp.781-809.

Acemoglu, Daron and James Robinson (2012), *Why Nations Fail: The Origins of Power, Prosperity,* and Poverty, Crown Business.（鬼澤忍訳『国家はなぜ衰退するのか——権力・繁栄・貧困の起源（上・下）』早川書房、2013年）.

Achebe, Chinua (1958), *Things Fall Apart*, William Heinemann Ltd.（粟飯原文子訳『崩れゆく絆』光文社、2013年）.

African Development Bank Group (AfDB) (2021), *Annual Report 2021*, AfDB.

Akamatsu, Kaname (1962), "A Historical Pattern of Economic Growth in Developing Countries," *Developing Economies*, Preliminary Issue No.1, August, pp.3-25.

Amsden, Alice H. (1989), *Asia's Next Giant: South Korea and Late Industrialization*, Oxford University Press.

Arrow, Kenneth J. (1962), "Economic Welfare and the Allocation of Resources for Invention," in Universities-National Bureau Committee for Economic Research and Committee on Economic Growth of the Social Science Research Council, ed., *The Rate and Direction of Inventive Activity: Economic and Social Factors*, Princeton University Press, pp.609-626.

Asian Development Bank (ADB) (2021), *Annual Report 2021*, ADB.

Asian Infrastructure Investment Bank (AIIB) (2021), *2020 AIIB Annual Report*, AIIB.

Banerjee, Abhijit V. (2007), "Making Aid Work," in Abhijit Vinayak Banerjee ed., *Making Aid Work*, MIT Press, pp.1-26.

Banerjee, Abhijit V. and Esther Duflo (2011), *Poor Economics: A Radical Rethinking of the Way to Fight Global Poverty*, Public Affairs.（山形浩生訳『貧乏人の経済学——もういちど貧困問題を根っこから考える』みすず書房、2012年）.

Bangladesh Bureau of Statistics (BBS) (2017), *Statistical Yearbook of Bangladesh 2017*, BBS.

Beauvoir, Simone de (1949), *Le Deuxième Sexe*, Gallimard.（『第二の性』を原文で読み直す会訳『決定版 第二の性（1・2）』新潮社、2001年）.

Becker, Gary S. (1964), *Human Capital: A Theoretical and Empirical Analysis, with Special Reference to Education*, Columbia University Press.（佐野陽子訳『人的資本——教育を中心とした理論的・経験的分析』東洋経済新報社、1976年）.

Behrman, Jere R. and Anil Deolalikar (1988), "Health and Nutrition," in Hollis

図版制作　関根美有

山形辰史（やまがた・たつふみ）

1963年，岩手県生まれ．1986年，慶應義塾大学経済学部卒業．2000年，米国ロチェスター大学より博士号（経済学）取得．日本貿易振興機構アジア経済研究所研究員などを経て，現在，立命館アジア太平洋大学アジア太平洋学部教授．元・国際開発学会会長．専攻・開発経済学．

著書『やさしい開発経済学』（編，アジア経済研究所，1998）
『国際協力の現場から――開発にたずさわる若き専門家たち』（共編，岩波ジュニア新書，2007）
『国際協力ってなんだろう――現場に生きる開発経済学』（共編著，岩波ジュニア新書，2010）
『テキストブック開発経済学（第3版）』（共編，有斐閣，2015）
『開発経済学――貧困削減へのアプローチ（増補改訂版）』（共著，日本評論社，2017）
『私たちが国際協力する理由――人道と国益の向こう側』（共著，日本評論社，2019）等

入門《にゅうもん》 開発経済学《かいはつけいざいがく》
中公新書 *2743*

2023年3月25日発行

著　者　山形辰史
発行者　安部順一

本文印刷　三晃印刷
カバー印刷　大熊整美堂
製　　本　小泉製本

発行所　中央公論新社
〒100-8152
東京都千代田区大手町1-7-1
電話　販売 03-5299-1730
　　　編集 03-5299-1830
URL https://www.chuko.co.jp/

Published by CHUOKORON-SHINSHA, INC.
Printed in Japan　ISBN978-4-12-102743-6 C1233

中公新書刊行のことば

一九六二年一一月

いまからちょうど五世紀まえ、グーテンベルクが近代印刷術を発明したとき、書物の大量生産は潜在的可能性を獲得し、いまからちょうど一世紀まえ、世界のおもな文明国で義務教育制度が採用されたとき、書物の大量需要の潜在性が形成された。この二つの潜在性がはげしく現実化したのが現代である。

いまや、書物によって視野を拡大し、変りゆく世界に豊かに対応しようとする強い要求を私たちは抑えることができない。この要求にこたえる義務を、今日の書物は背負っている。だが、その義務は、たんに専門的知識の通俗化をはかることによって果たされるものでもなく、通俗的好奇心にうったえて、いたずらに発行部数の巨大さを誇ることによって果たされるものでもない。現代を真摯に生きようとする読者に、真に知るに価いする知識だけを選びだして提供すること、これが中公新書の最大の目標である。

私たちは、知識として錯覚しているものによってしばしば動かされ、裏切られる。私たちは、作為によってあたえられた知識のうえに生きることがあまりに多く、ゆるぎない事実を通して思索することがあまりにすくない。中公新書が、その一貫した特色として自らに課すものは、この事実のみの持つ無条件の説得力を発揮させることである。現代にあらたな意味を投げかけるべく待機している過去の歴史的事実もまた、中公新書によって数多く発掘されるであろう。

中公新書は、現代を自らの眼で見つめようとする、逞しい知的な読者の活力となることを欲している。

中公新書

政治・法律

h1

125 法と社会 碧海純一
819 アメリカン・ロイヤーの誕生 阿川尚之
2347 代議制民主主義 待鳥聡史
2469 議院内閣制―変貌する英国モデル 高安健将
2631 現代民主主義 山本 圭
1905 日本の統治構造 飯尾 潤
2691 日本の国会議員 濱本真輔
2537 日本の地方政府 曽我謙悟
2558 日本の地方議会 辻 陽
1687 日本の選挙 加藤秀治郎
2283 日本政治とメディア 逢坂 巌
1845 首相支配―日本政治の変貌 竹中治堅
2651 政界再編 山本健太郎
2428 自民党―「一強」の実像 中北浩爾
2695 日本共産党 中北浩爾
2233 民主党政権 失敗の検証 日本再建イニシアティブ
2101 国会議員の仕事 林 芳正 津村啓介
2191 大阪―大都市は国家を超えるか 砂原庸介
2418 沖縄問題―リアリズムの視点から 高良倉吉編著
2439 入門 公共政策学 秋吉貴雄
2620 コロナ危機の政治 竹中治堅

中公新書

政治・法律

h2

108 国際政治（改版） 高坂正堯
1686 国際政治とは何か 中西寛
2190 国際秩序 細谷雄一
1899 国連の政治力学 北岡伸一
2574 戦争とは何か 多湖淳
2652 戦争はいかに終結したか 千々和泰明
2697 戦後日本の安全保障 千々和泰明
2621 リベラルとは何か 田中拓道
2410 ポピュリズムとは何か 水島治郎
2207 平和主義とは何か 松元雅和
2576 内戦と和平 東大作
2195 入門 人間の安全保障（増補版） 長有紀枝
2394 難民問題 墓田桂
2629 ロヒンギャ危機―「民族浄化」の真相 中西嘉宏
2133 文化と外交 渡辺靖
113 日本の外交 入江昭
1000 新・日本の外交 入江昭
2402 現代日本外交史 宮城大蔵
2611 アメリカの政党政治 岡山裕
1272 アメリカ海兵隊 野中郁次郎
2650 米中対立 佐橋亮
2405 欧州複合危機 遠藤乾
2568 中国の行動原理 益尾知佐子
2734 新興国は世界を変えるか 恒川惠市
700 戦略的思考とは何か（改版） 岡崎久彦
2215 戦略論の名著 野中郁次郎編著
721 地政学入門（改版） 曽村保信
2566 海の地政学 竹田いさみ
2722 陰謀論 秦正樹
2532 シンクタンクとは何か 船橋洋一

社会・生活

2484	社会学	加藤秀俊
1242	社会学講義	富永健一
1910	人口学への招待	河野稠果
2282	地方消滅	増田寛也編著
2333	地方消滅 創生戦略篇	増田寛也 冨山和彦
2715	縛られる日本人	メアリー・C・ブリントン 池村千秋訳
2580	移民と日本社会	永吉希久子
2454	人口減少と社会保障	山崎史郎
2446	人口減少時代の土地問題	吉原祥子
2607	アジアの国民感情	園田茂人
1479	安心社会から信頼社会へ	山岸俊男
2322	仕事と家族	筒井淳也
2475	職場のハラスメント	大和田敢太
2737	不倫―実証分析が示す全貌	五十嵐彰 迫田さやか
2431	定年後	楠木新
2486	定年準備	楠木新
2577	定年後のお金	楠木新
2704	転身力	楠木新
2632	男が介護する	津止正敏
2422	貧困と地域	白波瀬達也
2488	ヤングケアラー―介護を担う子ども・若者の現実	澁谷智子
1894	私たちはどうつながっているのか	増田直紀
2138	ソーシャル・キャピタル入門	稲葉陽二
2184	コミュニティデザインの時代	山崎亮
1537	不平等社会日本	佐藤俊樹
265	県民性	祖父江孝男
2474	原発事故と「食」	五十嵐泰正
2489	リサイクルと世界経済	小島道一
2604	SDGs（持続可能な開発目標）	蟹江憲史

中公新書

地域・文化・紀行

t1

- 285 日本人と日本文化 司馬遼太郎 ドナルド・キーン
- 605 絵巻物に見る日本庶民生活誌 宮本常一
- 201 照葉樹林文化 上山春平編
- 799 沖縄の歴史と文化 外間守善
- 2711 京都の山と川 鈴木康久 肉戸裕行
- 2298 四国遍路 森　正人
- 2151 国土と日本人 大石久和
- 2487 カラー版 ふしぎな県境 西村まさゆき
- 1810 日本の庭園 進士五十八
- 2633 日本の歴史的建造物 光井　渉
- 2511 外国人が見た日本 内田宗治
- 1009 トルコのもう一つの顔 小島剛一
- 2032 ハプスブルク三都物語 河野純一
- 2183 アイルランド紀行 栩木伸明
- 1670 ドイツ 町から町へ 池内　紀
- 1742 ひとり旅は楽し 池内　紀
- 2023 東京ひとり散歩 池内　紀
- 2118 今夜もひとり居酒屋 池内　紀
- 2331 カラー版 廃線紀行―もうひとつの鉄道旅 梯　久美子
- 2290 酒場詩人の流儀 吉田　類
- 2472 酒は人の上に人を造らず 吉田　類
- 2721 京都の食文化 佐藤洋一郎
- 2690 北海道を味わう 小泉武夫
- 2744 正倉院のしごと 西川明彦